JEAN-PIERRE GAUFFRE

LA POLITIQUE

[LES DICOS DÉCALÉS]

Éditions SUD OUEST

[A-B]

LA POLITIQUE

Abstention

n. f.

Aubaine pour les restaurants, les cinémas, les magasins et les repas de famille, qui, sans elle, seraient désertés les dimanches d'élection.

Depuis un certain nombre d'années, l'abstention bat des records à chaque élection en France, exception faite de la présidentielle. Du coup, les élus le sont avec de moins en moins de voix. On peut devenir maire, conseiller départemental ou député en séduisant seulement 25 % des électeurs inscrits, ce que ne manquent jamais de rappeler les vaincus.

Autrefois, on assimilait l'abstention à la pratique de la pêche à la ligne. Mais c'est beaucoup moins vrai aujourd'hui. On mange surtout du poisson pané livré par Deliveroo.

Alternance

n. f.

Pratique démocratique qui peut donner mal au cœur.

Encycl.

L'alternance, c'est quand le pouvoir bascule de droite à gauche. Ou de gauche à droite. Puis à nouveau de droite à gauche et ainsi de suite. On se croirait dans un grand manège de la Foire du Trône.

C'est surtout l'occasion pour la droite de vouloir détricoter sauvagement tout ce que la gauche a mis des années à échafauder patiemment. Ou inversement, dès que la gauche récupère le pouvoir. Chacun étant persuadé d'avoir raison et le clamant haut et fort. « Vous allez voir ce que vous allez voir. Quand nous serons revenus au pouvoir, nous remettrons à plat a) les 35 heures, b) l'état d'urgence sanitaire c) le mariage pour tous. »

Mais la plupart du temps, il ne se passe rien. Entre-temps, chaque camp a dû y trouver son compte.

Cit.

« Si c'est pour changer de majorité à chaque élection,
on se demande bien à quoi peut servir l'alternance… »
(Hyppolite Grondard)

Amnistie

n. f.

Coup d'éponge pour effacer une ardoise. L'amnistie transforme, par la magie d'une loi, en blanches colombes tout un tas de vilains oiseaux mazoutés qui ont piqué dans la caisse, incendié des préfectures ou oublié de déclarer leurs impôts. Très pratique pour certains députés ou sénateurs, puisqu'ils peuvent voter une loi qu'ils s'appliqueront ensuite en priorité à eux-mêmes.

Assemblée nationale

gr. n. m.

Lieu majeur de la République française, dans lequel 577 députés, rarement présents tous ensemble, votent les lois, échangent des noms d'oiseaux, consultent leurs portables, voire piquent discrètement une petite sieste.

Encycl.
L'Assemblée nationale est le saint des saints de la République depuis deux siècles, en dépit de quelques petites interruptions dues aux inévitables soubresauts de l'Histoire. Ses occupants naturels, les députés, s'y rassemblent sur ses gradins, disposés en demi-cercle autour du bureau du président, qui surplombe tout le monde. D'où son surnom de *perchoir*, renforcé par le fait que son occupant y rabâche indéfiniment les mêmes formules, comme un perroquet gris du Gabon.

Le bâtiment lui-même est impressionnant, avec ses colonnades extérieures et intérieures, sa bibliothèque décorée par Delacroix, sa buvette réservée aux seuls parlementaires pour qu'ils puissent y refaire tranquillement le monde sans être dérangés par trop d'oreilles indiscrètes ou profanes, ses huissiers, son bureau de poste, son salon de coiffure, sa salle de gym et son agence de voyages.

Son lieu le plus emblématique – la salle des quatre colonnes – est le dernier salon où l'on cause entre deux séances, sous l'œil et le nez des caméras et des micros, où il est de bon ton d'apprendre par cœur la petite phrase à sortir au bon moment sur le bon sujet, celle qui fera mouche au journal télé du soir. Si on ne l'a pas trouvée, tant pis. Mais on peut tranquillement retourner s'assoupir en séance sur les banquettes de velours rouge, qui sont toutefois un peu moins moelleuses que celles du Sénat.

Assistant parlementaire

gr. n. m.

Paire de béquilles d'un député ou d'un sénateur, habilement déguisé en élégant bipède, mâle ou femelle, qui suit toujours son patron (ou patronne) avec une fidélité et une constance que l'on ne retrouve généralement que chez le setter irlandais ou le golden retriever. On le reconnaît aisément à ses bras chargés de dossiers, façon sherpa népalais, et à sa capacité à donner instantanément à son patron (ou patronne), qui le lui demande avec insistance, les statistiques sur le tonnage précis de langoustines vendues à la criée du Guilvinec entre décembre 1996 et janvier 2003[1]. C'est dire s'il est précieux.

Quand l'assistant – ou l'assistante – est le fils ou l'épouse du député, cela peut se terminer devant le tribunal correctionnel.

Autrement

adv.

Manière différente de faire de la politique, promise depuis des lustres, notamment après chaque élection, mais dont on attend toujours de voir à quoi elle pourrait bien ressembler.

Aveu

n. m.

Élément de langage à peu près totalement inconnu du personnel politique, surtout quand il pourrait

1. Nous tenons d'emblée à présenter nos excuses à nos lecteurs de toutes les communes charmantes et pittoresques citées dans cet ouvrage. Nous leur garantissons que l'auteur ne leur en veut pas. C'est juste qu'il prend des exemples. (Note de l'éditeur, rassembleur.)

s'agir de reconnaître une erreur. D'ailleurs, un homme politique digne de ce nom ne commet jamais d'erreur, ni ne prend jamais aucune mauvaise décision. Ce sont toujours les médias qui l'ont mal expliquée.

Cit.

« Je vais vous faire un aveu… Heu, enfin, peut-être que je m'avance un peu… » (Hyppolite Grondard, au 18-20 de BFMTV)

Bain de foule

gr. n. m.

Exercice de musculation des phalanges par serrage des mains d'une foule, pratiqué à grande échelle par les hommes politiques en campagne électorale ou en visite officielle, lorsqu'ils sont chefs d'État. Le bain de foule a la particularité de ne rendre ni plus propre, ni plus sale celui qui s'y plonge. Il en ressort comme il y est entré. Il fait, en revanche, fortement transpirer ceux qui sont chargés de la sécurité rapprochée du baigneur, qui peut même y recevoir une claque.

Ballotage

n. m.

Mi-temps d'une élection, pendant laquelle le candidat, entraîneur-joueur, doit remonter le moral et les bretelles de ses troupes dans l'espoir de gagner le match à l'issue du second tour.

Le ballotage est soit favorable au candidat, soit défavorable. Dans le premier cas, c'est comme quand le PSG mène 5-0 devant un club amateur en trente-deuxièmes de finale de la Coupe de France au bout des quarante-cinq premières minutes. On peut dire que c'est plié. Dans le second cas, c'est exactement pareil, sauf que le candidat joue dans l'équipe d'en face.

Bulletin de vote

gr. n. m.

Arme fatale de la démocratie. Bout de papier grand comme un demi-mouchoir de poche, dont l'importance est inversement proportionnelle à la taille.

> ***Encycl.***
> Le bulletin de vote permet à tous les citoyens d'un pays démocratique – et toutes les citoyennes, mais pas depuis aussi longtemps – de choisir à intervalles réguliers, dans l'enthousiasme et la

ferveur, ceux et celles qui vont diriger le pays à leur place. Car les citoyens n'ont pas le temps de diriger. Eux, ils travaillent.

Le bulletin de vote existe aussi dans les pays non démocratiques, mais il comporte la plupart du temps un seul nom. C'est le menu du jour d'un restaurant, avec entrée, plat et dessert uniques, sans possibilité de changer pour les allergiques.

Il est habituel de dire que, dans une élection, chaque bulletin de vote compte. C'est une évidence, comme d'affirmer péremptoirement que la pluie, ça mouille et que les cons, ça ose tout. Mais c'est une phrase magique, qui permet de mobiliser les électeurs entre les deux tours, pour bien leur faire comprendre que ce sera forcément de leur faute si c'est le connard du camp d'en face qui est élu.

LA POLITIQUE

Cabinet

n. m.

Concentré de jus de crâne.

Organisé autour d'un élu (maire, président) ou d'un ministre, le cabinet est composé de membres payés pour penser à sa place et lui proposer des idées. Si l'idée est bonne, le ministre ou l'élu en revendiquera vite la paternité. Si l'idée est foireuse, le membre du cabinet qui l'a proposée peut déjà commencer à chercher du travail ailleurs.

—

Campagne électorale

gr. n. f.

Dans la vie d'un homme politique, période d'activité intense se nourrissant d'espoirs, s'achevant souvent sur des déceptions et coûtant toujours plus cher que prévu.

Encycl.
La campagne électorale est le terrain de chasse préféré de l'animal politique. Il peut laisser libre cours à son imagination, à son goût pour les envolées lyriques et à son sens de la promesse, d'autant plus s'il sait qu'il n'a aucune chance d'être élu. Cela lui permet aussi de réviser la géographie de son quartier, de son département, voire du

pays tout entier en fonction du poste qu'il vise. Il peut même découvrir des lieux qu'il ne connaissait jusqu'alors que sur Google Maps. Il apprend stupéfait, à cette occasion, que de nombreux Français travaillent, que certains gagnent très mal leur vie, voire sont quasiment à la rue. Cette prise de conscience brutale ne dure heureusement qu'un temps, le contact avec la réalité du terrain étant souvent dur à supporter pour cet être hypersensible qu'est l'homme politique.

Une campagne électorale nécessite donc de la part de celui qui s'y plonge une santé solide et un sens évident du contact, tout autant que l'art de pratiquer l'esquive. Car le hic, dans une campagne électorale, c'est qu'il y a un adversaire, plusieurs même, tout aussi décidés à l'emporter et n'hésitant pas, les salauds, à employer les moyens les plus perfides pour y parvenir. Le principal consistant à dire que ce sont eux qui ont raison et les autres qui ont tort. Pas facile, dans ses conditions, de se forger une opinion pour l'électeur.

Cit.

« Une campagne électorale serait quand même plus facile à conduire s'il n'y avait pas d'adversaire. »
(Hyppolite Grondard)

Canton

n. m.

Territoire qui fleure bon le cassoulet, la potée ou le far breton, selon sa situation géographique, jadis hanté par le conseiller général et depuis 2015 par son nouvel avatar, le conseiller départemental.

Casserole

n. f.

Ustensile de cuisine politique (voir ce mot) que traîne souvent derrière lui, de manière imagée, un homme politique. La casserole symbolise le scandale, le retournement de veste ou la condamnation en justice qui peuvent émailler malencontreusement une carrière d'élu ou d'apparatchik de parti. Certains hommes politiques trimballent avec eux une véritable batterie de cuisine, au point d'être parfois tentés d'ouvrir un restaurant.

Cellule

n. f.

Vestige néandertalien de l'organisation politique au sein d'un parti, le parti communiste en l'occurrence, qui subsiste encore dans quelques rares régions françaises (9-3, 9-4, bas Limousin), celles, justement, où le parti a mieux résisté que les dinosaures. Un vrai camarade de cellule, avec qui l'on a fait toutes les manifs du 1er mai et toutes les grèves pour le maintien des avantages acquis, est comme un vieux jogging un peu moche mais très confortable : on a du mal à s'en séparer, même s'il devient un affreux révisionniste.

Centre

n. m.

Territoire politique mouvant, aux contours imprécis, peuplé par la tribu des centristes, au tempérament méfiant, voire craintif.

Encycl.

Le centriste passe sa vie à errer dans la jungle politique, toujours attentif à résister aux tentations de la droite, comme de la gauche. Ce qui nécessite un doigté de tous les instants, comparable à la dextérité avec laquelle Sébastien Loeb aborde les virages d'une route de montagne en lacets. À chaque virage, le faux pas n'est jamais loin et le centriste pourrait se faire avaler par le ravin de gauche ou le ravin de droite.

Mais le centriste s'en sort vaillamment, restant fidèle à sa ligne médiane tracée depuis la Révolution par ses glorieux aînés, Mirabeau, Arago ou Lecanuet. Du coup, son refus obstiné d'intégrer l'un des deux camps présente un certain inconvénient auprès de nombreux électeurs, qui le prennent pour une couille molle. Sauf Jean Lassalle, le député chanteur béarnais, capable de perdre 20 kg en une grève de la faim et de se lancer dans un tour de France pédestre en costard, cravate et gros godillots, juste pour se faire confirmer tout ce qui est écrit dans les journaux à propos de la morosité ambiante de Dunkerque à Perpignan.

De ce fait, le centriste reste souvent, par la force des choses, en marge de l'action politique, émettant des idées que d'aucuns trouvent géniales, mais pas suffisamment au point de voter pour lui, afin qu'il puisse les appliquer. Au fond, le centriste est un peu le Calimero de la vie politique, qui se montre tellement injuste à son égard.

Cit.

« Ah bon ? Lecanuet était un révolutionnaire ? »
(Hyppolite Grondard)

Changement

n. m.

Modification de la course politique d'un pays, très souvent appelé de ses vœux par l'électeur, qui le regrette tout aussi souvent, et amèrement, lorsqu'il se produit. Il paraît que c'était maintenant en 2012, mais tout le monde ne s'en est pas aperçu. On y cru aussi en 2017 et puis… Non, finalement.

Cit.

Finalement, c'était mieux avant le changement. Mais ce sera aussi peut-être moins bien après.

Charisme

n. m.

Qualité indispensable pour se lancer en politique, qui permet de séduire et de magnétiser les foules. Que l'on se rassure, certains êtres, dotés d'un charisme d'allume-gaz ou de pied de parasol, réussissent néanmoins à percer dans le milieu. C'est juste parce qu'ils ont réussi à se trouver au bon endroit, au bon moment et à rendre les services qu'il fallait à la bonne personne.

Circonscription

n. f

Terrain d'expérimentation pour chirurgie électorale.

Encycl.

De taille intermédiaire entre le canton et le département, la circonscription électorale est le repaire du député. Il tente de s'y épanouir au milieu de la population pendant cinq ans et plus si affinités, s'attirant les bonnes grâces des autochtones par l'octroi de subventions généreuses, puisées dans sa réserve parlementaire, au club de majorettes ou au centre social Kendji-Girac[1].

À intervalles réguliers, la circonscription subit un lifting de la part des spécialistes manieurs de scalpel du ministère de l'Intérieur pour adapter ses contours à la couleur politique souhaitée par le gouvernement en place, histoire de la conserver dans son escarcelle ou, au contraire, de l'arracher au camp d'en face.

Ce travail d'orfèvre, comparable également à celui d'un tailleur qui ajusterait au mieux un vêtement sur le corps de son modèle, est inévitablement mal compris par l'opposition, qui parle toujours de charcutage ou de tripatouillage électoral. Il est vrai qu'une opposition, c'est idiot par définition.

---

1. L'auteur souhaite manifestement conquérir une frange plus jeune du lectorat. Pourquoi pas ? (Note de l'éditeur, dubitatif.)

La preuve, quand on est dans l'opposition, c'est forcément qu'on s'est trompé de camp.

Citoyen

n. m.

Bipède doté du droit de vote et, de plus en plus souvent, d'un cerveau, dont il se sert pour ne pas croire tout ce que lui racontent les dirigeants. Pour eux, c'était quand même bien plus pratique avant, quand il n'y avait pas de citoyens, simplement des sujets.

Clérocratie

n. f.

Le principe du loto appliqué à la politique.

La clérocratie consiste à confier les clefs du camion à des citoyens non pas élus, mais tirés au sort. Relativement en vogue dans la Grèce et la Rome antiques, la clérocratie n'a plus guère cours, dans les pays occidentaux, que dans les jurys populaires, dont les membres sont désignés par le sort à partir des listes électorales.

Dans de grands moments de découragement, certains se disent qu'un régime clérocratique ne fonctionnerait peut-être pas plus mal qu'un régime authentiquement démocratique. Faut voir, car le hasard ne fait pas toujours bien les choses.

Clientélisme

n. m.

Pratique émanant du petit et du grand commerce, très répandue dans le monde politique. Alors que l'hypermarché distribue des bons d'achat ou de fidélité à ses clients pour les inciter à revenir, l'homme politique joue de son influence – enfin, certains d'entre eux, paraît-il – afin d'obtenir un nouveau logement ou une place en crèche à ses administrés pour les inciter à voter pour lui la prochaine fois. Finalement, il n'y a que la valeur du cadeau qui change.

Coalition

n. f.

Union temporaire et circonstanciée d'une carpe de droite et d'un lapin de gauche pour gouverner un pays. Ou l'inverse.

Une coalition gouvernementale résulte souvent d'une situation politique particulière. Principalement quand aucune formation n'obtient une majorité claire de gouvernement et qu'il faut composer entre plusieurs partis de tendance proche, mais quand même suffisamment différents pour que ça se termine mal. Exemple, la IVe République en France, où même un cochon n'y retrouvait plus ses petits.

Dans certains cas extrêmes, il arrive que des partis diamétralement opposés finissent par créer une coalition gouvernementale. On appelle cela l'union sacrée. Ça paraît, dit comme ça, la solution idéale, le vivre-ensemble absolu. Mais en fait, ce n'est pas souhaitable, car ça n'arrive que dans des cas dramatiques, en temps de guerre ou de menace de prise du pouvoir par le mouvement vegan.

Cohabitation

n. f.

Colocation politique.

Encycl.

La cohabitation est devenue une spécialité française en 1993, quand Édouard Balladur, l'homme aux chaussettes rouges, est devenu le Premier ministre de François Mitterrand, l'ami du tout-Vichy. Puis il y eut celle de 1997, lorsque

Lionel Jospin a squatté Matignon pendant que Jacques Chirac s'ennuyait ferme à l'Élysée.

C'est en fait le principe de la colocation. On partage le pouvoir. Sauf que dans ce cas, ce n'est pas par choix. C'est juste que l'électeur, versatile par définition, en a décidé ainsi. Comme dans une coloc', on se répartit les tâches. Et il y a en a toujours un qui se fait avoir. En gros, au président les missions nobles (les voyages à l'étranger, les discours qui marquent, les vœux du jour de l'an), au Premier ministre les sales boulots (résorber le chômage, réprimer les manifs, recevoir la CGT, descendre les poubelles…).

On a mis fin à cette pratique anticipatrice du « vivre-ensemble » en inventant le quinquennat et en faisant coïncider élection présidentielle et scrutin législatif. L'électeur a beau être versatile, il ne l'est pas suffisamment pour envoyer à l'Assemblée une majorité opposée au président qu'il vient juste d'élire. Mais il n'est pas interdit que cela puisse arriver un jour.

Cit.

« Si je suis un jour battu, je n'accepterai de cohabiter qu'avec moi-même. » (Hyppolite Grondard)

Colleur d'affiches

n. m.

Bricoleur de campagne électorale.

Vaillant petit soldat anonyme de l'équipe d'un candidat, le colleur d'affiches ne doit pas avoir peur de travailler la nuit, ni de recommencer le lendemain son travail saboté par l'équipe d'en face. Il doit aussi savoir user d'arguments, parfois frappants, pour défendre son territoire et éviter à son champion de se retrouver affublé, sur ses affiches électorales, d'un entonnoir sur la tête ou de la moustache d'Hitler, deux grands classiques du détournement de photo.

De nos jours, les combats nocturnes entre équipes de colleurs d'affiches ont tendance à être supplantés par des « battles » de community managers sur Twitter et Facebook. Il faut bien vivre avec son temps.

Communicant

n. m.

Celui qui peut faire gagner une élection par la magie d'un slogan de campagne trouvé à 3 heures du matin, entre une bouteille de Johnnie Walker (pour votre santé, attention à l'abus d'alcool) et deux paquets de Marlboro (fumer nuit gravement à la santé). Exemples : la force tranquille, Giscard à la barre, AJ pour demain, etc. À partir de deux bouteilles et de quatre paquets, le résultat n'est plus garanti et l'élection peut tourner au fiasco.

Parmi ses autres fonctions, le communicant ajuste les éléments de langage de son patron-client pour lui faire dire que tout pourrait aller encore plus mal si c'était pire. Il lui apprend aussi à être bon à la télé et à ne pas mettre de cravate quand il visite l'université d'été des jeunes de son parti.

Congrès

n. m.

Moment solennel de la vie d'un parti, tous les deux ou trois ans, qui rassemble un maximum de militants dans un hall de foire-exposition et permet à tout un chacun de dire publiquement tout le mal qu'il pense des uns et des autres et de leur ligne politique, qui les mène inévitablement droit dans le mur.

Dans les pays à la démocratie hésitante, voire inexistante, l'absence de tel ou tel cador du parti à la tribune du congrès apprend à la face du monde qu'on l'a brusquement reconverti en jardinier dans un parc zoologique de province. Voire qu'il dort pour l'éternité dans les fondations d'un grand immeuble de la capitale.

Conseil des ministres

gr. n. m.

Classe unique de la République, où le maître, assis en face du chef de classe, vérifie les devoirs des élèves, fait des remarques à voix haute et distribue les bons et les mauvais points. Chaque élève arrive avec ses dossiers, s'efforce de démontrer à ses camarades et surtout au maître qu'il a bien travaillé, ce qui ne sert pas toujours à grand-chose, car de toute façon, il a ses fayots.

À ceux qui trouveraient irrespectueux de comparer le cœur du pouvoir politique national à une classe de CM2, rappelons qu'en France, le Conseil des ministres se tient chaque mercredi, le jour des enfants, et qu'à la fin, tout le monde s'éparpille dans la cour.

Constitution

n. f.

Règlement de copropriété d'un État.

Encycl.

La Constitution, c'est la loi suprême, celle qui établit les règles de fonctionnement d'un pays à destination de ses citoyens. On ne plaisante pas avec elle, car toutes les lois votées ensuite au Parlement doivent lui être conformes. La modifier est un véritable parcours du combattant. Encore plus compliqué que de se faire rembourser l'achat d'un grille-pain acheté en ligne sur un site internet albanais si l'on n'en est pas satisfait.

En France, c'est le Conseil constitutionnel, sorte de planète des sages composée de vénérables et illustres vieillards chenus, qui veille à son respect absolu et fronce les sourcils avec agacement quand on tente de lui passer par-dessus.

Lire quelques articles de la Constitution dans son lit, le soir avant de s'endormir, remplace avantageusement une prise de somnifère et permet, par conséquent, de lutter avec une certaine efficacité contre le déficit chronique de la Sécurité sociale.

Corruption

n. f.

Industrie florissante dans de nombreux pays.

Encycl.

Comme la guerre, le cancer ou les pellicules dans les cheveux, la corruption, c'est laid. La corruption est un monde entre deux mondes, où les enveloppes s'échangent discrètement sous la table, où les valises de billets circulent en cachette, où des filles sublimes tombent, comme par hasard, sous le charme d'hommes vilains comme des culs de singe. C'est ainsi. L'argent et le sexe, les deux mamelles honteuses du pouvoir, mènent toujours le monde, entraînant dans leur valse politiques corrompus et corrupteurs pervers, qui se tiennent mutuellement par la barbichette.

La corruption a ceci de commun avec le bananier ou le cocotier qu'elle se sent plus à l'aise au fur et à mesure que le climat s'adoucit et se réchauffe. Peu répandue entre le cercle polaire et le 45e parallèle nord, elle commence à se trouver à son aise dès qu'on approche des rivages de la Méditerranée pour s'épanouir pleinement dans les régions tropicales et subtropicales de la planète. Seule exception remarquable à ce constat, la Russie, où la culture de la corruption ne semble nullement gênée, bien au contraire, par les températures sibériennes sévissant dans le pays.

Cit.

Dans une démocratie, la corruption est d'autant plus vaine qu'elle n'est pas assujettie aux cotisations sociales.

Coup d'État

gr. n. m.

Manière expéditive de s'emparer du pouvoir dans un pays. Par rapport à une élection traditionnelle, on gagne ainsi beaucoup de temps et on fait de substantielles économies. Car la démocratie, ça coûte vraiment cher.

Courage

n. m.

Qualité humaine remarquable, courante chez les sapeurs-pompiers, les navigateurs solitaires, les explorateurs polaires ou les plongeurs d'Acapulco, un peu moins chez les hommes politiques. Il est vrai que les destins tragiques de quelques hommes d'État ayant réellement fait preuve de courage dans leur action politique (Abraham Lincoln, Gandhi, Yitzhak Rabin…) ne déclenchent pas forcément des vocations.

Courant

n. m.

Tendance, sensibilité différente au sein d'un même parti.

Réservé à ceux qui s'en iraient bien de la maison commune, avec laquelle ils ne sont pas toujours d'accord, mais qui ont tout de même un peu peur de se retrouver seuls à affronter ce vaste monde hostile. Alors, ils créent des courants. Très en vogue depuis longtemps au parti socialiste, ainsi que chez les Verts. Chez ces derniers, les courants ont même été tellement forts qu'ils ont longtemps rejeté le parti sur le sable. Ces dernières années, ça va mieux, mais le rivage est encore loin.

Cuisine politique

gr. n. f.

Tambouille pas toujours très ragoûtante, à base de mijotage à petit feu et de subtils dosages de tendances, qui se pratique dans les sous-sols des partis et les couloirs des lieux de pouvoir, par exemple à l'approche de la composition d'un gouvernement. L'important étant que les couvercles des marmites soient toujours fermés, afin qu'on ne voie pas trop ce qui se passe dessous. Bien entendu, les meilleurs dans cet exercice sont souvent ceux qui trimballent le plus de casseroles.

Cumul des mandats

gr. n. m.

Pratique, aujourd'hui révolue, qui consistait pour un élu à avoir les yeux plus gros que le ventre et à se disperser entre plusieurs fonctions électives. Député et maire, bien entendu, mais aussi conseiller général et régional, président d'un syndicat des eaux ou de collecte des ordures ménagères et même président du club de majorettes local, par amour du manier de bâton. L'homme politique étant aussi nostalgique à ses heures perdues, certains sont nombreux à regretter ce bon vieux temps.

[D]

LA POLITIQUE

Débat

n. m.

Confrontation d'idées et d'arguments autour d'un sujet quelconque. Ne vole pas toujours très haut.

Encycl.
Entre tous les débats qui animent la société et la vie politique françaises, il en est un qui surpasse tous les autres en intensité et en importance. C'est celui, retransmis en direct à la télévision, qui oppose les deux candidats rescapés avant le second tour de l'élection présidentielle.

Chacun des deux rivaux le prépare comme un championnat du monde de boxe, en peaufinant et en répétant ses meilleurs coups, en étudiant les points forts et les points faibles de l'adversaire. Le jour du match, entouré de son équipe de coachs et de communicants, chaque combattant développe sa tactique, essayant avant tout d'esquiver les coups pour mieux placer les siens et tenter de l'emporter, si possible par KO. Et contrairement à la boxe, les coups bas ne sont pas forcément interdits, ni sanctionnés par les journalistes qui servent d'arbitres.

Il n'est pas toujours aisé de savoir qui sort véritablement gagnant d'un tel débat. Parfois même, c'est le téléspectateur qui est le grand perdant, car il s'endort avant la fin.

Cit.

En débat télévisé, Hyppolite Grondard était tellement soporifique qu'il endormait non seulement son adversaire, mais aussi les journalistes et les cadreurs.

Démagogie

n. f.

Manière, appliquée à la politique, de prendre les électeurs pour de grands enfants en leur expliquant qu'il suffit d'ouvrir son portefeuille en grand pour leur acheter une nouvelle console de jeux dès leur premier caprice. Malheureusement, le magasin est souvent fermé. Ou le portefeuille pas assez bien garni.

Démocratie

n. m.

La plus belle des inventions grecques, avant même le sirtaki, la feta ou Demis Roussos.

Encycl.

Le principe de la démocratie part d'un constat très simple : on ne peut pas tout faire soi-même, par manque de temps ou de compétence. Même Hercule, le type aux douze travaux, avait fini par s'en rendre compte. D'où l'idée, pas sotte, de déléguer au moyen d'un bulletin de vote certaines tâches à d'autres, notamment les plus compliquées, comme voter un budget d'État, déclarer la guerre à un ennemi ou déterminer le contenu des manuels scolaires. Pendant ce temps, on peut tondre la pelouse et faire les courses à Auchan.

Le problème, c'est que l'être humain est versatile par définition et jamais content par nature. Il a donc tendance à râler dès que ce qu'on a fait à sa place n'est pas aussi bien fait que s'il l'avait fait lui-même. Mais comme il n'a toujours pas le temps de le faire, il confie ces tâches à d'autres. On appelle ça l'alternance. C'est l'un des fondements d'une saine démocratie.

À noter que toute délégation de pouvoir d'une personne à une autre ne saurait être assimilée à une pratique démocratique. Quand on embauche une femme de ménage pour passer l'aspirateur à sa place, la démocratie n'a rien à voir là-dedans.

Cit.

« Le premier qui dit que je ne suis pas démocrate,
j'y fous mon poing dans la gueule ! »
(Hyppolite Grondard)

Député(e)

n. m. ou f.

Représentant d'une circonscription, démocratiquement élu par le peuple. Du moins, la partie du peuple qui s'est déplacée le jour du vote.

Encycl.

En France, le député est élu pour cinq ans. Il siège à l'Assemblée nationale, où on lui remet, le jour de son arrivée, une petite mallette contenant son écharpe tricolore, une cocarde de même couleur pour apposer sur le pare-brise de sa voiture et ainsi pouvoir se garer à peu près n'importe où sans risquer la fourrière. Accessoirement, il vote aussi les lois de la République.

Le député doit tenir son agenda bien à jour pour ne pas se mélanger les crayons entre son emploi du temps parisien à l'Assemblée nationale, où il siège deux ou trois jours par semaine, et sa circonscription, où il revient généralement du vendredi au lundi pour couper des rubans, serrer des mains et boire des coups. Certains députés, quelque peu dépassés par ce marathon permanent, ont résolu le problème à leur manière en ne siégeant quasiment jamais à l'Assemblée nationale. Ce qui ne les empêche pas d'être réélus au bout de cinq ans. Si c'est le cas, c'est sûrement qu'ils savent très bien serrer les mains et boire des coups.

Désistement

n. m.

Petit marchandage électoral consistant à appeler à voter, au second tour d'une élection, pour un candidat restant en lice alors qu'on a soi-même été éliminé au premier tour. On parle aussi de consigne de vote. Malheureusement, les électeurs ne respectent pas toujours à la lettre ce qu'on leur demande. C'est à vous dégoûter de la liberté démocratique.

Cit.

Ayant une haute idée de sa personne, Hyppolite Grondard était tellement vexé d'avoir été éliminé dès le premier tour que s'il avait pu, il se serait désisté pour lui-même.

Dictature

n. f.

Oui, chef! Bien, chef! C'est génial, chef!

Encycl.

La dictature, c'est quand le pouvoir est exercé par un seul homme – très rarement une femme, ça l'intéresse moins, sans doute – ou un tout petit groupe d'hommes. Souvent, la dictature s'installe par la force, mais pas toujours, comme le prouve l'histoire édifiante d'un petit artiste peintre autrichien à qui l'on avait refusé l'entrée aux beaux-arts et qui, pour se venger, provoqua la mort de cinquante millions de personnes en Europe.

Une dictature se caractérise aussi par le fait que le chef a toujours raison dans ses prises de décision. Ce qui est normal, sans quoi il ne serait pas le chef. Il ne faut pas l'énerver non plus, surtout inutilement, car il a à sa disposition toute une série de moyens radicaux pour faire passer à l'énervant l'envie de recommencer. Même définitivement.

Dans une dictature, le citoyen n'est libre que d'une seule chose, se taire. Pour tout le reste, il doit demander la permission au chef et à ses représentants, qui lui est refusée la plupart du temps. Un dictateur digne de ce nom porte des lunettes noires. Il a le bon goût d'y ajouter un uniforme avec beaucoup de décorations, une casquette plate et une gueule de sale con. Sans ça, on pourrait le confondre avec Stevie Wonder, qui porte aussi des lunettes noires, mais qui, lui, est très sympa.

Discours

n. m.

Instant magique dans la vie de tout homme politique, pouvant, dans certains cas, le conduire à un orgasme plus ou moins intense.

Encycl.

Le discours, quel qu'en soit son thème – la liberté inaliénable de notre peuple, l'amitié éternelle entre deux nations, l'impulsion économique à donner au pays, le juste équilibre du gonflage d'une chambre à air de vélomoteur –, est l'occasion, pour un homme politique, d'éprouver son pouvoir de magnétisme sur les foules. Un bon discours se caractérise par la profondeur de son propos, la pertinence de quelques phrases choc, celles que l'Histoire retiendra – « Ich bin ein Berliner », « Vive le Québec libre! », « Yes, we can! », « Mon ennemi, c'est la finance » (fou rire irrépressible de l'assistance), « Nous sommes en guerre », « Quand est-ce qu'on mange? » – et une voix bien timbrée pour le prononcer.

Si, lors d'un congrès, d'un meeting ou d'une grande inauguration, moins d'un spectateur sur deux pique du nez avant la fin du discours, on peut considérer que ce dernier est réussi. Si ce n'est pas la cas, il faut soit changer de nègre pour l'écriture, soit mieux travailler sa diction avec un coach de la Comédie-Française.

Dissolution

n. f.

Décision prise, en France, par le président de la République, consistant à mettre fin prématurément au mandat d'une Assemblée, généralement pour des raisons tactiques. Le pouvoir organise alors de nouvelles élections, dans l'espoir d'obtenir une majorité encore plus importante. Parfois ça marche, comme en juin 1968, parfois non, comme en juin 1997. Pas grave. En attendant, on aura bien rigolé.

Droit de vote

gr. n. m.

Droit, élémentaire en démocratie, accordé au peuple de choisir ses représentants. Il en est du droit de vote comme de l'eau. Dans les pays où il s'exerce en abondance, on a tendance à le gaspiller allègrement. Ailleurs, on fait des kilomètres à pied pour s'y plonger avec délices.

Droit d'inventaire

gr. n. m.

État des lieux à l'entrée d'une location.

À l'occasion du changement de majorité au pouvoir, la nouvelle équipe commence toujours par dresser un état du pays tel qu'elle l'a trouvé en arrivant. On appelle ça le droit d'inventaire. Elle prend aussitôt l'engagement de faire beaucoup mieux. Ce n'est pas toujours le cas. Et elle trouve carrément honteux que l'équipe suivante se permette de faire pareil. Vous trouvez ça logique ?

Droite

n. f.

Courant de pensée a priori détestable, qui revient pourtant cycliquement à la mode.

Héritière, en France, des traditions monarchistes, conservatrices, centralisatrices, autoritaires et traditionalistes, la droite n'a pas forcément bonne presse. Elle s'appuie sur des valeurs qui emmerdent tout le monde : l'ordre, la discipline, le travail, la hiérarchie, le drapeau, la nation, etc. Pire que tout, elle considère que l'inégalité entre les hommes est à la base de tout, idée insupportable pour la gauche.

Quand la droite est au pouvoir, les choses se passent à peu près bien. Mais on finit par se lasser. On a envie d'un peu moins d'ordre, de discipline ou de hiérarchie. Alors, on vote à gauche, pour souffler. Et on finit par le regretter assez vite, car l'ordre a parfois du bon.

Cit.

« À part la droite, il n'y a rien que je déteste autant que la gauche. » (Pierre Desproges)

[E]

LA POLITIQUE

Écologie

n. f.

Pensée politique champêtre, ayant donné naissance à un courant politique de couleur verte à l'extérieur, souvent rouge, voire rouge vif à l'intérieur. L'écologie politique prône la rupture avec le modèle libéro-capitalistique qui guide les sociétés occidentales depuis l'invention de la machine à vapeur. Dans la pratique, elle perpétue pourtant avec bonheur toutes les traditions politiques de l'ancien monde (querelles d'egos, affrontements de courants, peau de banane sous les pieds des concurrents, etc.).

Égalité

n. f.

L'un des trois fondements de notre République, avec la liberté et la fraternité.

Semble plus indiscutable et mieux appliquée sur un terrain de foot, quand le PSG et l'OM repartent aux vestiaires sur un score nul et vierge, que dans le bureau d'un DRH recruteur, quand il hésite, mais pas longtemps, entre la candidature de Louis-Gabriel et celle d'Aboubacar, qui présentent pourtant des compétences similaires pour le poste.

Électeur, électrice

n. m. ou f.

Mammifère doué de davantage de raison que ne le pensent la plupart des hommes politiques, à l'humeur très changeante, qui se capture essentiellement au moyen de promesses.

Élection

n. f.

Ligue des champions de la vie démocratique d'un pays, régie par la glorieuse incertitude du sport.

Encycl.

Une élection, quelle qu'elle soit, est toujours l'événement le plus important pour la politique d'une nation, car elle engage son avenir pour les années futures et elle se double toujours d'une part d'inconnu. Sauf en Russie, où l'on sait qu'à chaque fois, c'est Poutine qui gagne, puisqu'il a fait emprisonner tous ses opposants.

L'élection permet à tous les citoyens d'exercer leur droit de vote, lequel ne s'use que si l'on ne s'en sert pas. Elle permet aussi aux candidats de tester le taux de crédulité des électeurs, en fonction de l'énormité de leurs promesses. Elle offre l'occasion aux ténors des partis de se lancer dans de grands discours vibrants d'humanité, de références historiques et de lendemains qui chantent. Elle enrichit les loueurs de chapiteaux, les communicants et les agences de com qui ont trouvé le slogan qui va faire mouche. Elle mobilise les militants, les colleurs d'affiches et les gros bras des services d'ordre. Curieusement, elle intéresse pourtant de moins en moins l'électeur.

Une élection ne se perd jamais. C'est juste l'adversaire qui gagne. Et la plupart du temps, les électeurs n'ont pas voulu de l'avenir radieux qui leur était promis par le perdant. On se demande bien pourquoi.

Cit.

Durant sa longue carrière, Hyppolite Grondard avait connu nombre d'élections, pas toutes victorieuses, d'ailleurs. À chaque défaite, il disait toujours que c'est parce que les électeurs n'avaient rien compris.

Éléments de langage

gr. n. pl.

Leçon apprise par cœur au sein d'un parti ou d'un gouvernement, qui permet à ses membres de sortir exactement les mêmes arguments, parfois à la virgule près, dictés par la hiérarchie, lorsqu'ils sont interrogés par les médias ou qu'ils s'adressent aux militants.

Disons-le franchement, dans ces moments-là, ils ne sont pas toujours très convaincants.

Éloquence

n. f.

Véritable don de la parole, qui permet à un orateur d'emporter l'adhésion des foules à son discours. Tous les hommes politiques, loin s'en faut, n'en sont pas pourvus, à l'instar du charisme. Certains parlent brillamment pendant des heures, sans notes et sans lasser leur auditoire. D'autres ânonnent un texte griffonné sur un coin de table une demi-heure plus tôt.

La différence est encore plus flagrante quand on doit subir le discours d'inauguration du mur d'escalade de la salle d'activités de l'école Kendji-Girac [1]de Pranmoy-sur-l'Hévier, lorsque le maire a oublié ses lunettes dans le tiroir de son bureau.

1. J'ignorais que l'on donnât déjà le nom de Kendji Girac à des écoles. (Note de l'éditeur, étonné).

ENA

acr.

École Nationale d'Administration, usine à hauts fonctionnaires, ministres et hommes/femmes politiques, en général.

Encycl.

L'ENA, suite logique d'études réussies à Sciences Po, est la voie royale qui conduit à une carrière politique, après un passage dans les corps de l'État les plus divers (Cour des Comptes, inspection des Finances, préfectorale, cabinets ministériels, etc.). On y apprend l'organisation de l'État, la complexité des relations internationales, les arcanes budgétaires, la langue de bois et la confection du nœud de cravate, pour ceux qui ne maîtriseraient pas encore la pratique après Sciences Po. Du moins pour les garçons.

L' ENA est un sujet éternel de moquerie en France, en raison du supposé décalage permanent entre le mode de pensée théorique de ceux qui en sont diplômés et la vie réelle, très éloignée du quotidien de leurs préoccupations.

Ce conformisme énarque, régulièrement dénoncé, est en fait très rassurant. Quand on prétend aux plus hautes fonctions de l'État, c'est avoir des idées originales qui serait inquiétant. Que le simple bon sens serve de ligne de conduite aux conseillers techniques des ministères, que la logique guide la main des rédacteurs de projets de loi, que l'évidence devienne le fil conducteur de l'élaboration des circulaires n'est pas envisageable. Les Français seraient perdus. Ils se mettraient enfin à comprendre les décisions des énarques. Et ils en seraient déboussolés.

Depuis janvier 2022, l'ENA est remplacée par l'INSP (Institut national du service public), qui fait, grosso modo, la même chose. On appellera comment les anciens élèves? Inspien, inspienne?

Cit.

Hyppolite Grondard affirme que si l'on confiait à des énarques la gestion du Sahara, il y aurait pénurie de sable en moins de six mois.

État de grâce

gr. n. m.

Période assez courte qui suit l'élection d'un président de la République, durant laquelle il peut à peu près tout se permettre en surfant sur sa popularité post-électorale: mesures radicales, nominations improbables, voyage lointain, changement de lunettes, démarrage de régime vegan, déclaration de guerre aux îles Caïman, etc.

On notera que depuis quelques décennies, la durée de l'état de grâce est comme la jupe en jeans d'une pré-ado voulant absolument ressembler à Beyoncé ou Rihanna, de plus en plus courte.

Exécutif

n. m.

L'un des trois pouvoirs dans n'importe quel régime démocratique, celui qui gère la politique générale de l'État, différent du législatif, qui vote les lois, et du judiciaire, qui contrôle leur application.

En France, le président de la République et son gouvernement constituent le pouvoir exécutif. On a beau dire, c'est quand même plus compliqué que de tenir la caisse d'un hypermarché[1].

1. Une fois de plus, l'auteur ne stigmatise personne. Il ne fait que prendre des exemples simples, pouvant être compris de tous. (Note de l'éditeur, un tantinet agacé.)

Extrême droite, extrême gauche

gr. n. f.

Courants politiques et de pensée les plus éloignés du centre.

Encycl.

Situées rigoureusement à l'opposé dans l'échiquier politique, extrême droite et extrême gauche sont apparemment très différentes, si l'on s'en tient à leur tenue vestimentaire et capillaire (crâne rasé, blouson et rangers d'un côté, cheveux longs, parka et pataugas de l'autre), leurs icônes (Jeanne d'Arc et Pétain contre Mao et Che Guevara) et leurs haines respectives (les étrangers pas de chez nous contre les patrons exploiteurs).

Elles se rejoignent pourtant en de nombreux points, notamment le maniement habile du nunchaku et la précision du lancer de pavés dans les manifs. Ainsi que la propension à avoir beaucoup de mal à accepter les idées qui ne sont pas les leurs. C'est à se demander si, tout bien réfléchi, l'extrémisme ne serait pas un danger pour nos sociétés.

Cit.

Jean-Bertrand, ancien militant d'extrême gauche, avait viré sa cuti pour passer à l'extrême droite. Ce qui avait fini par l'ennuyer également. Du coup, il avait choisi l'extrême centre, une voie qui lui paraissait nettement plus transgressive.

[F-G]

LA POLITIQUE

Fidélité
n. f.

Trait de caractère commun à l'épagneul breton, au labrador et au caniche nain vis-à-vis de son maître. Nettement moins répandu chez l'homme politique vis-à-vis de ses idées et engagements.

—

Fraternité
n. f.

L'un des trois fondements de notre République, avec la liberté et l'égalité.

Encycl.
La fraternité est une notion empreinte d'une grande portée humaniste, qui part du principe que les êtres humains sont tous des frères. Ou des sœurs, doit-on s'empresser d'ajouter, afin d'éviter que cet ouvrage ne tombe sous le coup de la loi et des récriminations véhémentes des tenants de la pensée woke (autrefois appelée politiquement correct), pour lesquels il est intolérable et discriminatoire que Teddy Riner ne puisse pas participer au casting des sept nains dans un remake de Blanche-Neige.

Cette vision humaniste des choses, absolument admirable, en prend toujours un petit coup derrière la cafetière en temps de guerre, ouverte ou larvée, quand il faut a) passer devant son prochain dans la file d'attente de la boucherie en rupture de stock ; b) dénoncer anonymement Isaac et Sarah, les voisins du 2e étage, qui ne sont pas nés à Clermont-Ferrand ; c) admettre que Karim, l'épicier du bas de l'immeuble, n'a rien à voir avec Mohamed Merah, les frères Kouachi et Salah Abdeslam.

Fronde

n. f.

Accessoire fétiche de Thierry de Janville, héros des enfants des Trente Glorieuses en collant moule-burnes (le héros, pas les enfants), devenu l'emblème de quelques députés socialistes pas contents.

Gauche

n. f.

Courant de pensée a priori admirable, qui cesse pourtant cycliquement d'être à la mode.

Née, en France, des philosophes des Lumières et de la Révolution, développée par les influences des penseurs socialistes, la gauche a, en général, bonne presse. Ses valeurs plaisent à bon nombre d'entre nous : l'humanisme, la liberté, la solidarité, la générosité, la fraternité entre les peuples. Au-delà de tout, elle considère qu'il faut absolument lutter contre l'inégalité entre les hommes, idée absolument insupportable pour la droite.

Quand la gauche est au pouvoir, les choses se passent à peu près bien. Mais on finit par se lasser. Le bordel, ça va bien cinq minutes, et on a besoin d'ordre, de discipline, de hiérarchie. Alors, on vote à droite, pour changer. Et on finit aussi par le regretter assez vite, car l'humanisme, ça a quand même du bon.

Cit.

« À part la droite, il n'y a rien que je déteste autant que la gauche. » (Pierre Desproges)

Gilets jaunes
n. m. pl.

Sans-culottes 2.0.

Les gilets jaunes ont fait leur entrée dans le jeu politique national dès l'automne 2018, sans même y avoir été invités, c'est dire leur manque d'éducation. Se voulant héritiers en ligne directe des révolutionnaires du peuple de 1789, mais sans Bastille à prendre d'assaut, ils ont surtout manifesté dans les rues et occupé les ronds-points des agglomérations, protestant à la fois contre le 80 km/h imposé sur les routes, contre les taxes sur les carburants et l'augmentation incessante des prix du Nutella. Quitte à y perdre parfois un œil, quand un CRS confond vitesse et précipitation dans l'usage de son lanceur de balle de défense.

Grondard (hyppolite)
n. p.

Homme politique fictif, mais au vu du nombre de conneries qu'il a prononcées au fil des pages de cet ouvrage, on se dit qu'il aurait bien pu exister.

Gros bras

n. m. pl.

Catégorie d'individus qui se caractérisent par une taille de bras inversement proportionnelle à celle de leur cerveau. Les gros bras ont néanmoins toujours été indispensables au monde politique par les services qu'ils rendent : maintenir l'ordre dans les manifs et les meetings, maintenir une amicale pression sur un adversaire, maintenir la tête d'un ministre sous l'eau d'un étang en forêt de Rambouillet, etc.

Groupuscule

n. m.

Petite formation politique ou activiste, ridicule par son importance, qui ne peut prétendre à la noble appellation de parti. Cela dit, il ne faut pas trop s'en moquer, car on ne sait jamais comment le vent peut tourner. Au début, les nazis ne formaient qu'un groupuscule.

[H-I]

LA POLITIQUE

Héritage

n. m.

Bonne ou mauvaise chose, selon le côté de la lorgnette par laquelle on regarde.

L'héritage, c'est tout ce qui s'est passé avant qu'on arrive au pouvoir. Lorsque ce pouvoir change de mains par le truchement du suffrage universel, l'héritage est forcément mauvais et on le prouve en réalisant le fameux droit d'inventaire.

Mais on peut aussi, même si ce n'est pas totalement vrai, se revendiquer de l'héritage d'un glorieux aîné, qui a marqué positivement et durablement les esprits en se présentant comme son héritier plus ou moins spirituel. À partir de là, c'est fou ce que Jaurès et de Gaulle peuvent compter comme enfants naturels en France.

Humour

n. m.

En politique, appellation générique – et euphémique – de toute vacherie balancée par un homme politique, généralement en direction d'un adversaire. Certains sont devenus de véritables mètres étalons dans l'exercice, comme Clemenceau ou Édouard Herriot jadis, André Santini, Philippe Seguin, Jean-Pierre

Raffarin ou l'injustement méconnu François Goulard plus récemment.

Depuis 1988, un jury de journalistes décerne chaque année le prix de l'humour politique pour la meilleure saillie de l'année, qu'elle soit volontaire ou pas. En 2014, c'est Alain Juppé qui l'a obtenu. Preuve que tout est possible dans la vie.

Idées

n. f. pl.

Pensées pouvant être progressistes, nobles, généreuses, révolutionnaires… Elles sont censées faire avancer le monde, mais certains prennent un malin plaisir à professer des idées qui le font reculer. Heureusement, ils finissent toujours par avoir tort, même si c'est trop souvent à long terme.

Cit.

Avant de reprendre une idée à son compte, Hyppolite Grondard attendait toujours qu'elle ait démontré son inutilité.

Idéologie

n. f.

Œillères politiques qui se mettent en place lors de l'application d'un catéchisme.

Encycl.

En politique, l'idéologie recouvre toutes les idées, doctrines, voire croyances qui permettent de définir un système engendrant un certain type d'actions. Écrit comme ça, c'est à peu près aussi rigolo que le mode d'emploi d'une essoreuse à salade écrit en finnois du bas Moyen Âge.

Concrètement, c'est très simple. Il suffit d'adhérer à une idéologie pour décréter que toutes les idées qu'elle englobe sont géniales, alors que tout le reste, c'est de la daube. Dès lors, on voit tout à travers le prisme de sa propre idéologie, sans même vouloir écouter les idées des autres, mauvaises par nature… puisqu'elles viennent des autres. Communisme, socialisme, ultralibéralisme, fascisme, pour qui la défend, chaque idéologie est la meilleure et ça ne souffre aucune discussion à l'apéro au café du Commerce. Il ne vaut mieux pas, d'ailleurs, car les verres et les chaises risqueraient de voler bas.

Il en est de même entre les tenants du port du slip et ceux qui ne jurent que par le caleçon. Leurs discussions peuvent très mal tourner. Cela dit, à notre connaissance, les querelles entre partisans du slip et thuriféraires du caleçon n'ont jamais provoqué des guerres mondiales et des millions de morts sur la planète. Les idéologies, si. Ce qui tendrait à prouver qu'une idéologie, quelle qu'elle soit, est nettement plus dangereuse qu'un slip. Ou qu'un caleçon.

Immunité parlementaire

gr. n. f.

Bouclier de force de Star Wars.

Équipé de son immunité parlementaire, un député ou un sénateur peut tout se permettre ou presque. Certes, il doit rester dans les clous de la loi. Normal, puisque c'est lui qui la vote. Mais il sait dès le départ qu'on ne pourra pas le poursuivre s'il vote, par exemple, des lois absurdes ou jamais appliquées. Du coup, on a l'impression qu'à certains moments, il le fait vraiment exprès.

Impôt

n. m.

Outil politique hautement explosif, à manier plus que prudemment sous peine de se le faire exploser à la figure.

Encycl.

Pour gouverner efficacement un pays, construire des ponts et entretenir sa police, il faut de l'argent. Beaucoup d'argent. Et pour s'en procurer, si l'on n'a pas la chance de pouvoir compter sur le trafic de cocaïne, la vente d'esclaves ou l'exploitation du super 98, le recours à l'impôt reste la solution la plus courante. Et ce depuis la nuit des temps, lorsque la Mésopotamie ignorait qu'elle deviendrait un jour le berceau de Daesh.

L'impôt est toujours très impopulaire auprès de ceux qui le paient, car ils ont l'audace de vouloir en attendre des résultats tangibles. Ainsi, avec tout ce qu'ils donnent à l'État, qui le consacre lui-même à payer ses fonctionnaires et ses infrastructures, les parents de Nathaniel ne comprennent toujours pas pourquoi son institutrice a autant de mal à lui faire entrer dans la tête la conjugaison du passé simple des verbes du deuxième groupe.

Partant de ce constat, hommes et femmes politiques qui briguent les suffrages des électeurs ont toujours tendance à leur promettre qu'ils réduiront les impôts. Surtout moins d'un an avant les élections. Promesse aussitôt oubliée une fois le scrutin passé. À noter que, bien que votant l'assiette de l'impôt, certains parlementaires oublient de le payer. Par pure distraction, sans aucun doute.

Inéligibilité

n. m.

La honte totale.

Un élu devient inéligible quand il est condamné pour une chose vraiment très vilaine : piquer dans la caisse, frauder aux élections, passer illégalement du fric en Suisse, oublier de déclarer ses impôts par phobie administrative, etc.

Cela dit, la honte passe assez vite, le temps que dure l'inéligibilité, où il doit se faire oublier en allant planter des chèvres dans le Larzac, voire donner des cours à l'université de Montréal. L'ex-élu peut ensuite revenir fringant et en pleine forme solliciter à nouveau les suffrages des électeurs, qui pardonnent eux aussi bien vite.

En fait, l'inéligibilité a sur un élu les mêmes effets qu'un régime ou une cure de désintoxication sur n'importe quel quidam. Il se sent bien mieux après qu'avant. Mais gare à la rechute.

Intérêt général

gr. n. m.

Obsession indiscutable et non négociable de tout homme politique qui s'engage en direction du public, par vocation et même sacerdoce. Encore que, parfois, ça puisse quand même se discuter.

Islamo-gauchisme

n. m.

Courant de pensée politique prisé à gauche, comme son nom l'indique, et même très à gauche, qui part du principe que tout ce que fait Mohammed sera, par définition, bien mieux que ce que fait Robert.

Isoloir

n. m.

Cabine d'essayage de la démocratie. Ça fonctionne d'ailleurs exactement pareil. Au fil des élections, on essaie dans l'isoloir plusieurs bulletins avant de trouver celui qui nous convient. Au moins pour les quelques saisons qui arrivent. Après, on verra bien…

LA POLITIQUE

Laïcité

n. f.

Exercice de funambulisme politique et citoyen, hautement casse-gueule.

Encycl.
La difficulté majeure de la laïcité consiste à expliquer à Fatima pourquoi elle n'a pas le droit d'entrer voilée au collège Kendji-Girac, où elle est une plutôt brillante élève de classe de 4e, alors qu'on ne dit rien à sa copine Kimberley, qui arbore tranquillement autour du cou sa petite croix de première communiante, offerte pour l'occasion par sa grand-tante Denise.

De même, M. Legrand, directeur du personnel des établissements Kitourne, leader de la machine-outil dans le Puy-de-Dôme, doit déployer des trésors de persuasion pour convaincre Abdelkader, par ailleurs ouvrier modèle, que s'arrêter de travailler quatre ou cinq fois par jour pour rendre hommage à son autre grand patron, courbé en deux en direction de La Mecque, peut provoquer des chutes de productivité préjudiciables à l'entreprise et n'est, en outre, pas conforme aux lois et coutumes de notre République.

On aurait bien ajouté une petite phrase sur Charlie Hebdo et Samuel Paty, mais on va encore dire qu'on fait de la provoc...

Langue de bois

gr. n. f.

Langue vernaculaire de très nombreux hommes et femmes politiques, qui devient peu à peu langue totalement étrangère pour la plupart des citoyens.

Liberté

n. f.

L'un des trois fondements de notre République, avec l'égalité et la fraternité.

De même que l'on reconnaît le bonheur au bruit qu'il fait quand il s'en va (dixit le grand Jacques Prévert), on peut reconnaître la liberté au bruit qu'elle fait quand elle nous est retirée. Le reste du temps, dans nos pays démocratiques, on en use et on abuse à souhait, tout en dénonçant régulièrement les atteintes qui y sont portées. La plupart le font avec sincérité et conviction, sans prendre le temps de se demander pourquoi réfugiés, émigrés ou apatrides souhaitent rejoindre avec tant d'ardeur nos contrées prétendument liberticides.

Livre politique

gr. n. m.

Cauchemar des éditeurs et souvent des lecteurs.

Encycl.

Comme les footballeurs ou les stars de la téléréalité, les hommes politiques adorent passer de l'oral à l'écrit. Nombreux sont ceux qui, à un moment de leur vie, éprouvent le besoin du « parler vrai », de la « confession les yeux dans les yeux », de la « mise en perspective des questions de fond ».

Quoi de mieux, dans ce cas, que de prendre sa plume pour écrire un mot? Ou de demander à un nègre (dans l'acception non stigmatisante du mot) pour le faire à sa place. L'homme public – ou son alter ego féminin – peut alors s'épancher, dire ce qu'il a sur le cœur, accessoirement régler ses comptes avec ses anciens petits camarades, quand le bouquin sort juste après une expulsion manu militari du gouvernement, par exemple.

Le livre politique flatte l'ego de celui qui se retrouve en couverture. Hélas, tous les écrivains politiques ne s'appellent pas de Gaulle, Peyrefitte, Mitterrand ou même Sarkozy. À l'aune de leurs ventes, très loin d'*Astérix* ou de *Harry Potter*, la plupart d'entre eux doivent constater amèrement que si on ne les écoute pas quand ils parlent, on ne les lit pas davantage quand ils écrivent.

Cit.

C'est moi que j'ai raison, *l'autobiographie d'Hyppolite Grondard, n'avait séduit que 253 acheteurs et mis sur la paille son éditeur. Lequel se demandait toujours pourquoi, d'ailleurs. Le titre, peut-être…*

Loi

n. f.

Travail quotidien des députés et des sénateurs, qui tricotent des lois comme les grands-mères tricotent des pulls en maille irlandaise.

Encycl.

Le vote des lois, en fonction des sujets, peut déclencher des passions dans les débats publics, dans un fracas de discours, d'amendements fougueux et de noms d'oiseaux pittoresques. D'autres lois passent en catimini, à deux heures du matin, face à une demi-douzaine de parlementaires insomniaques, dont la moitié tue l'ennui en regardant des vidéos sur YouTube. C'est ce qui fait le charme et la grandeur de la démocratie parlementaire.

Une loi n'a pas de valeur, ni d'existence si elle n'est pas suivie de ses décrets d'application, publiés au Journal officiel, qui en précisent les modalités pratiques pour tous les citoyens à qui elle s'applique. Parfois, ces décrets ne sont jamais publiés et la loi reste ainsi lettre morte. Tant de travail pour rien, finalement. Une sorte de gaspillage démocratique.

C'est comme si une grand-mère oubliait de faire l'ouverture pour passer la tête dans son pull-over en maille irlandaise. Cela ne servirait à rien. Mais que l'on se rassure. Ce qui se produit parfois avec les lois n'arrive jamais avec les pull-overs.

Lutte des classes

gr. n. m.

Conception de la politique à l'ancienne, comme la blanquette ou le ris de veau.

Encycl.
Théorisée par Karl Marx, lui-même ayant repris le concept des libéraux français du XIXe siècle, la lutte des classes explique que la société est composée de classes sociales antagonistes et irréconciliables, qui sont faites pour s'opposer et se combattre. Un peu comme les tamanoirs et les fourmis d'Amazonie. Il est cependant peu probable que Karl Marx se soit inspiré de cet exemple, car il est de notoriété publique qu'il n'a jamais foutu les pieds en Amazonie, Easyjet et Airbnb n'existant pas à l'époque.

La lutte des classes est aujourd'hui largement battue en brèche par l'avènement de la mondialisation, le basculement du vote populaire vers l'extrême droite et le remplacement progressif des espadrilles et des vestes Mao par les polos Ralph Lauren et les smartphones dernière génération chez l'ouvrier chinois.

Seuls demeurent quelques vestiges de cette théorie d'autrefois au sein de l'état-major de la CGT et de Sud PTT. Mais tout cela, comme les dinosaures, devrait finir par s'éteindre un jour pour de bon.

[M]

LA POLITIQUE

Maire

n. m.

Élu chouchou des citoyens.

Encycl.
Dans l'opinion publique française, qui considère l'homme politique, au sein de la chaîne de respectabilité des êtres humains, quelque part entre le détrousseur de cadavres et le pédophile de colonie de vacances, le maire est sans doute le seul élu à garder, globalement, une bonne image. Parce que c'est, surtout dans les petites communes, quelqu'un qu'on connaît directement, personnellement, même.

Élu de proximité par excellence, le maire est celui qu'on n'hésite pas à interpeller en personne, et parfois sans ménagement, pour un trottoir à reboucher, un problème de voisinage, un lampadaire qui ne fonctionne plus dans le quartier, la peinture qui s'écaille dans les vestiaires du stade, etc. Il faut au maire une robuste santé, physique autant que morale, pour résister à ce traitement, réservé à ceux que l'on croit omnipotents et omniscients (professeur des écoles, médecin de famille, curé de la paroisse, arbitre de foot…).

Régulièrement, en tout cas à chaque nouvelle élection municipale, on prédit que certaines communes se retrouveront sans maire, faute de candidats à ce travail de galérien, payé une poignée de cerises, accompli avec des bouts de ficelle en raison de la baisse constante des dotations de l'État aux communes. En fait, il n'en est rien. Comme quoi il doit y avoir autre chose derrière tout cela. Certains appellent cela le désintéressement. On vérifiera.

Majorité

n. f.

C'est moi le chef.

La majorité, c'est quand un parti, ou une alliance de partis, possèdent suffisamment d'élus au Parlement pour pouvoir gouverner tranquille. En fait, il lui suffit d'avoir 50 % des élus, plus un. Si cette majorité tient à une seule voix, inutile de dire que l'élu en question sera chouchouté, bichonné, écouté avec attention, pour qu'il ne soit surtout pas tenté d'aller voir ailleurs. Être majoritaire, c'est quand même plus pratique pour appliquer une politique. Attention à ne pas confondre majorité et virginité, même si les deux peuvent se perdre très facilement.

Manifestation

n. f.

Exercice d'arithmétique aux résultats improbables et fluctuants.

Encycl.

La manifestation, ou sa contraction festive, la manif, existe depuis fort longtemps pour protester. Principalement contre une politique gouvernementale inique, destinée à mécontenter les travailleurs (les enseignants, les retraités, les PME, les infirmiers, les fonctionnaires, les pilotes de ligne, les célibataires à lunettes de 1,78 m pour 82 kg travaillant dans l'industrie du bouton de culotte, rayer les mentions inutiles, elles serviront de toute façon un jour ou l'autre).

Il s'agit, la plupart du temps, d'une marche à la fois colérique et joyeuse, où tout participant peut exercer ses talents de poète en rimes riches (« Machin, t'es foutu, le peuple est dans la rue », « CRS = SS »), de peintre en lettres sur banderoles (parfois avec fautes d'orthographe) et d'ambianceur du samedi soir, micro et mégaphone en main. Excellente pour la santé, car pratiquée régulièrement, elle fait chuter le mauvais cholestérol et les triglycérides, la manif est aussi un lieu de rencontres, parfois plus efficace que Meetic pour fonder des familles soudées dans la contestation.

La manifestation présente, en outre, la caractéristique étonnante ne jamais pouvoir être quantifiée. Le chiffre des participants avancé par les organisateurs est toujours quatre, six, voire dix fois plus important que celui annoncé par la police chargée de compter les manifestants pour le compte du gouvernement. Sauf dans le cas particulier des manifs de policiers, bien évidemment.

Marché

n. m.

Lieu plutôt sympa, généralement en plein air ou en plein courants d'air, lorsqu'il est couvert, où l'on achète ses produits frais.

Pour les chaines de télévision, le marché est également le lieu incontournable où se forge l'opinion publique, que l'on vient religieusement recueillir quand elle doit s'exprimer sur la hausse du prix de l'essence, la pertinence des rythmes scolaires, le mariage pour tous ou la limitation de la vitesse sur la rocade de contournement de Montceau-les-Mines[1]. Ayant parfaitement compris cela, à chaque campagne

1. Il n'empêche que c'est un bon sujet : j'ai moi-même perdu deux points sur la rocade de contournement de Montceau-les-Mines. (Note de l'éditeur, dépité.)

électorale, les candidats à n'importe quel scrutin en profitent pour slalomer entre les étals, distribuant bonne parole et tracts aux chalands, qui les glissent avec bonne volonté dans leur cabas. On ne sait jamais. Un tract électoral, c'est toujours bon pour envelopper des épluchures.

Marianne

n. p.

Brave fille, symbole français du peuple et de la République, qui n'a pas toujours eu la vie facile.

Née pendant la Révolution, Marianne incarne à elle seule la République. À ce titre, son buste au sein souvent généreux trône dans toutes les mairies française et assiste donc, impassible, aux débats passionnés des conseils municipaux. C'est dire si elle a entendu beaucoup de conneries depuis plus de deux siècles. On ne saura pas lesquelles, car contrairement aux élus qu'elle écoute patiemment, elle sait tenir sa langue.

Meeting

n. m.

Concert rock réservé aux animaux politiques de toutes espèces.

Encycl.

Le meeting politique, qui se situe principalement en période électorale, tient de la grand-messe, du match de foot et du concert de feu Johnny Hallyday. Le candidat veut y faire une démonstration de force, pour impressionner à la fois ses partisans et ses adversaires.

Côté public, la salle ou le chapiteau spécialement dressés pour l'occasion se remplit sans peine, grâce aux autocars de militants et de sympathisants réquisitionnés et transportés sur place par un encadrement zélé. Côté spectacle, on patiente avec les chauffeurs de salle ou les seconds couteaux, lieutenants et bras droits chargés de tenir la foule en haleine. Côté star, le candidat débarque sous les lasers et la sono hurlante, avant de tenir la scène pendant une heure en galvanisant ses troupes pour les persuader que le grand soir est enfin arrivé.

À la sortie, tout le monde est conquis par le charisme du grand homme qui, c'est certain, est promis au plus grand avenir. Surtout celui du tribunal correctionnel, quand on s'aperçoit, un peu plus tard, que les divers meetings ont fait exploser les comptes de campagne et qu'il faut payer l'amende pour dépassement.

Mémoire

n. f.

Toujours sélective chez l'homme politique, contrairement à la mémoire de l'électeur, qui n'oublie pas toujours, et surtout pas les promesses non tenues.

Mensonge

n. m.

Méthode de gouvernement qui en vaut une autre.

Dans le monde politique, le mensonge peut revêtir plusieurs formes. De l'omission au trucage des chiffres, en passant par la calomnie de l'adversaire ou le travestissement éhonté de la vérité. Au sommet culmine le mensonge d'État, vérité officielle à laquelle personne ne croit, mais qui est néanmoins censée convaincre ou rassurer tout le monde. Exemple : le nuage radioactif de Tchernobyl s'est arrêté pile sur la coque du *Rainbow Warrior*, qui a coulé tout seul dans le port d'Auckland.

Cit.

Hyppolite Grondard avait tellement érigé le mensonge en mode de pensée que même quand il mentait, il était persuadé que c'était vrai.

Militant(e)

n. m. ou f.

Admirable et vaillant petit soldat d'un parti, qui tracte, distribue, colle, accompagne, téléphone, discute, argumente, tweete, persuade – plus ou moins –, en échange d'une poignée de mains ou d'un selfie avec son champion quand il daigne venir dans son quartier. Parfois d'une place en crèche ou de deux billets pour le stade, pour les plus méritants.

Ministère

n. m.

Ruche toujours animée et pleine de vie, organisée plus souvent autour d'un gros bourdon que d'une reine.

Ministre

n. m.

Héros des temps modernes, omniscient ou presque, qui conduit un secteur déterminé du pays (l'économie, les transports, le tourisme, la santé, etc.) vers les vertes vallées d'un avenir chantant.

Encycl.
Un bon ministre sait s'entourer de conseillers, qui rédigent pour lui des rapports et surtout des notes de synthèse, lesquelles lui permettent d'avoir l'air moins stupide quand il passe à la télé ou qu'il intervient sur son banc à l'Assemblée nationale. Dans ses domaines de compétence, il doit se montrer actif pour inaugurer des usines ou participer à des tables rondes qui lui vaudront une photo à la une du *Courrier picard* ou de la *Dordogne libre*. La presse locale est en effet très friande de visites ministérielles, pour égayer le morne quotidien des habitants de la France réelle. Laquelle s'en fout quand même un peu, du ministre et de sa visite, car elle a souvent comme effet secondaire de bloquer la départementale 18 pour laisser passer son cortège officiel. Pendant ce temps, c'est malin, la boulangerie a fermé et il n'y aura pas de pain à midi.

Un bon ministre, et cela étonne toujours le citoyen, est capable de sauter non seulement un repas ou son assistante, mais aussi allègrement d'un domaine à un autre. Et ce quasiment du jour au lendemain, à l'occasion d'un remaniement ministériel. Ainsi, le ministre de l'Agriculture passera à la Défense. Celui de la Défense à la Culture. Et celui de la Culture aux Transports. Alors qu'il n'y a, a priori, aucun rapport entre ces derniers domaines. Ah bon? Et tous les mélomanes qui prennent les transports en commun pour se rendre au théâtre? Vous n'y aviez pas pensé. Un bon ministre, si.

Monarchie

n. f.

Régime politique très en vogue il y a encore deux siècles, un peu désuet aujourd'hui, dont quelques subsistances, çà et là dans la vieille Europe, ont permis à Léon Zitrone et à son fils spirituel Stéphane Bern de faire carrière, ainsi qu'à *Point de Vue-Images du Monde* et à *Gala* d'entretenir les neurones dans les maisons de retraite.

En France, il existe bien quelques nostalgiques de la monarchie, qui espèrent voir un jour le comte de Paris redevenir roi de France. Le risque semble cependant aussi faible que celui de voir un kangourou parkinsonien intégrer la troupe du Crazy Horse Saloon.

Morale

n. f.

Vertu essentielle à l'accomplissement d'une carrière politique, qui permet de se regarder dans la glace tous les matins et de bien dormir toutes les nuits. Cela dit, beaucoup d'hommes ou femmes politiques y parviennent très bien sans. Et on a l'impression désagréable que ceux qui ont conduit leur carrière avec de vraies valeurs morales sont soit morts (Pierre Mendès-France, Antoine Pinay, Michel Rocard, Simone Veil), soit très vieux (Jacques Delors).

Motion de censure

gr. n. f.

Fais-moi peur, shérif (rengaine connue).

Une motion de censure est un texte déposé à l'Assemblée nationale, qui entraîne automatiquement, dans notre Ve République, la chute du gouvernement s'il est adopté. La plupart du temps, ça ne fonctionne pas, puisqu'il faut toujours des dissidents de la majorité ou quelques brebis égarées par ci, par là pour que l'opposition ait une chance de voir sa motion adoptée. Au moins, ça réveille un peu les bancs assoupis de l'Assemblée. Pendant que ça débat autour du texte de la motion, ils ne sont pas à la buvette.

[N-O]

LA POLITIQUE

Non-inscrit

n. m.

Apatride de la politique.

Le non-inscrit est un élu qui n'a pas réussi à trouver sa place au sein des formations traditionnelles, soit par choix, soit par les aléas de la vie politique (démission, exclusion, etc.). Il erre alors comme une âme en peine dans les couloirs de l'Assemblée ou du Sénat, tel le loup chassé de la meute car il se prend pour un labrador. Ni carrément à gauche, ni franchement à droite, pas vraiment au centre non plus, il a du mal s'intégrer dans le jeu politique traditionnel.

Quand ses camarades élus se retrouvent en réunion de bureau de leur parti, il va s'enfermer dans le sien, solitaire, abandonné. Les micros ne se tendent jamais vers lui, car il ne représente que lui-même. Il n'y aurait pas, à terme, la perspective de toucher une retraite de député ou de sénateur, la vie du non-inscrit ne vaudrait même pas la peine d'être vécue.

Cit.

Le sort du non-inscrit est comparable à celui des réfugiés syriens. Sauf qu'il évite la distribution humiliante des colis de la Croix-Rouge en ayant accès tous les jours au restaurant de l'Assemblée ou du Sénat.

Notable

n. m.

Homme politique en sépia et à gros ventre.

Autrefois, c'est-à-dire avant Airbnb et Uber, on entrait en politique parce qu'on était notable (avocat, médecin, industriel, banquier, enseignant, etc.). Aujourd'hui, on devient notable parce qu'on fait de la politique. *The Times, They Are a-Changin'*, comme dit l'ami Bob.

Opposition

n. f.

Yaka fokon. Ou, plus classiquement, la critique est aisée, l'art est difficile.

> ***Encycl.***
> Être dans l'opposition, même si cela est parfois frustrant, demeure la situation la plus confortable de tout homme politique normalement constitué. Son discours se libère dans la critique du gouvernement et de la majorité, qui rate par définition tout ce qui est entrepris, alors que ce serait tellement mieux si lui et ses copains étaient aux affaires.

À chaque grande élection, l'opposition rêve de devenir majorité, pour enfin appliquer ses excellentes idées et méthodes. Lesquelles sont aussitôt vilipendées par la nouvelle opposition, qui est en fait l'ancienne majorité. Et ça ne s'arrête à peu près jamais. Certains ont parfaitement assimilé le jeu. Ils ont compris que leur intérêt personnel consistait à demeurer en permanence dans l'opposition, pour ne jamais être jugés sur leurs actes, tout en continuant allègrement à émettre des théories et à dispenser des conseils qui ne seront jamais appliqués, et pour cause. Parfois, cela vaut d'ailleurs bien mieux pour eux.

[P]
LA POLITIQUE

Parité

n. f.

La femme est l'avenir de l'homme politique.

Encycl.

À part dans certains pays où cela semble aller de soi, au nord de l'Europe notamment, la place de la femme en politique a longtemps été réduite à la portion congrue. En France, par exemple, on a vécu ce paradoxe étonnant de femmes nommées ministres alors qu'elles n'avaient pas le droit de vote (sous le Front populaire).

Le carcan ne s'est desserré qu'au milieu des années 1990. Et encore timidement. Quand on évoquait la possible parité homme-femme dans le domaine politique, les hommes semblaient la concevoir comme la célèbre recette du pâté de cheval aux alouettes, moitié-moitié, un cheval, une alouette. Avec la femme, bien sûr, dans le rôle de l'alouette. Ce qui était somme toute un progrès, beaucoup la considérant jusqu'alors comme une dinde ou une pintade.

Il a fallu attendre la loi du 6 juin 2000 pour parvenir à cette parité, au moins dans les élections proposées au scrutin de liste (municipales, régionales). D'où les listes chabadabada (un homme, une femme...) qui fleurissent désormais à chacun de ces scrutins. La réforme des conseils généraux, devenus départementaux, a également accéléré le mouvement, en créant des binômes mixtes de conseillers.

Sur le plan gouvernemental, on essaie, au moins au début, de respecter également la parité, qui vole souvent en éclats au premier remaniement. On ne se défait pas aisément de siècles de traditions, avec les hommes qui s'assoient à table et les femmes qui leur servent la soupe.

Parlement

n. m.

Ensemble constitué, en France, de la réunion de l'Assemblée nationale et du Sénat. Ça fait du monde. C'est pourquoi il se réunit rarement, uniquement dans les grandes occasions (modification de la Constitution, ratification de traités internationaux, discours du président…) et toujours au château de Versailles. De là à penser que la République trimballe une certaine nostalgie de la monarchie, il n'y a qu'un pas.

Parrainage

n. m.

Suprême onction.

Pour se présenter à l'élection la plus importante, celle de président de la République, il faut récolter des parrainages d'élus. Cinq cents au total. Ce qui prend beaucoup de temps. On peut en gagner en concentrant ses recherches sur certaines régions, où beaucoup d'élus sont également des parrains.

Parti politique

gr. n. m.

Regroupement d'hommes et de femmes autour d'idées, d'intérêts et de pratiques communs, structuré pour accéder au pouvoir.

À ce titre, un parti politique ressemble beaucoup à un club de pétanque. On cherche à atteindre le but, tout en écartant les boules gênantes des adversaires. La différence, c'est qu'à la pétanque, ça se termine autour d'un pastis, alors qu'en politique, ça peut se terminer dans un lac, avec des semelles en ciment.

Pensée unique

gr. n. f.

Ensemble d'idées, de positions, de réflexions qui déterminent la bonne pensée à suivre, par rapport à celle qui serait mauvaise.

La pensée unique est une sorte de sens obligatoire, d'autoroute des idées toutes faites, conformistes et bien pensantes, que l'on ne saurait surtout prendre à contresens, de peur de se faire emplafonner vite fait par la meute qui arrive en face. Ceux qui tentent, parfois, de le faire sont aussitôt traités de dangereux réactionnaires, d'intolérables crypto-fascistes ou d'anarchistes de la pire espèce. Preuve que, quelque part, ils n'ont pas tout à fait tort.

Permanence

n. f.

Lieu préservé, autant que moment de grâce, qui ne dure pas très longtemps, où un simple mortel peut rencontrer son élu demi-dieu en tête à tête pour lui faire part de son mal de vivre, lui demander éventuellement une place en crèche, un travail pour son petit dernier ou un don pour son association de macramé. Le demi-dieu écoute la doléance, hoche la tête avec bienveillance et répond généralement qu'il va voir, mais qu'il ne garantit rien.

Petite phrase

gr. n. f.

Courte fulgurance ou platitude, c'est selon, proférée par un homme politique sur un sujet quelconque, de préférence d'actualité, dans le seul but d'être reprise et diffusée en boucle sur les chaînes d'information continue et sur les réseaux sociaux. Dans l'absolu, les petites phrases ne font pas avancer le débat, bien au contraire. Mais une petite phrase bien tournée peut valoir à son auteur le prix annuel de l'humour politique, surtout si c'est de l'humour involontaire.

Peuple

n. m.

Masse humaine dont il faut parfois se méfier.

Paré de toutes les vertus quand il se déclare souverain et prend en charge son destin, souvent pour conquérir ou recouvrer sa liberté, le peuple peut également réagir bizarrement, quand il se laisse soumettre par envoûtement ou manipulation. Autrefois, il fumait l'opium de la religion. De nos jours, il l'a remplacé par le football et la téléréalité.

Poignée de mains

gr. n. f.

Pratique indispensable dans le métier d'homme politique, portée au niveau d'un des beaux-arts par certains. La poignée de mains doit être franche, sans être broyeuse. Elle s'accompagne d'un regard droit dans les yeux. Le tout doit donner l'impression, fausse la plupart du temps, que l'homme politique reconnaît immédiatement son interlocuteur parmi les dizaines qu'il croise ou qui le sollicitent chaque jour. Heureusement, son assistant(e) est là au bon moment pour lui rafraîchir opportunément la mémoire.

Pour lui, la crainte est de contracter, surtout à l'approche d'une élection, un « campagne elbow », équivalent politique du « tennis elbow », douleur intense s'étendant du coude au poignet, due à la répétition frénétique des poignées de mains, pouvant représenter un vrai handicap pendant cette période cruciale.

Depuis que le Covid-19 s'est installé durablement dans nos existences, la poignée de mains a été remplacée par le poing contre poing, voire le coude contre coude. Le monde politique ne s'en trouve pas grandi.

Politique politicienne

gr. n. f.

Manière méprisable de faire de la politique, dépourvue de toute morale, recherchant toujours la polémique, les petits arrangements dans son propre intérêt, les combines en tout genre en pensant d'abord à soi avant de penser à autrui. Il va de soi que cette vile pratique est toujours pratiquée par les autres, jamais par ceux qui la dénoncent.

Populaire

adj.

État quasi nirvanesque, recherché par la plupart des personnages politiques, lesquels ont toujours un peu de mal à comprendre pourquoi leur charisme, leur hauteur de vue, leur efficacité dans l'action et leur détermination à toute épreuve n'arrive pas à les rendre aussi populaires qu'Omar Sy ou Jean-Jacques Goldman. Il faudra qu'on leur explique, un jour.

Populisme

n. m.

Cousin germain de la démagogie, en plus inquiétant. Les tenants du populisme flattent les bas instincts du peuple, en promettant de pendre avec leurs tripes aux réverbères des avenues tous ceux jugés responsables de sa situation misérable. Ainsi, ils oublient parfois qu'un jour, ce sont eux qui pourraient se retrouver accrochés aux mêmes réverbères, eu égard à la versatilité d'un peuple qu'ils prétendent bien connaître.

Porte-à-porte

n. comp. m.

Exercice typique de campagne électorale, où le candidat, flanqué de ses assistants, adjoints et militants, découvre que les T2 de la tour C au sein de la cité Kendji-Girac ne font pas plus de 35 mètres carrés et se fissurent à peu près dans toutes les pièces du sol au plafond.

Il se dit, après cela, qu'il est bien mieux dans sa maison de famille avec jardin et piscine. Mais cela justifie quand même la profondeur de son engagement, au moins pour promettre de faire reboucher les fissures.

Porte-flingue

n. comp. m.

Homme politique missionné pour balancer vacheries, énormités et contre-vérités en lieu et place de son leader, trop exposé pour pouvoir le faire lui-même. Il reçoit, en retour, une indéfectible amitié, même si le mot ne veut pas dire grand-chose en politique, ainsi que, bien souvent, une circonscription taillée sur mesure. Exemple : Charasse ou Dumas pour Mitterrand, Pasqua pour Chirac, Hortefeux et Balkany pour Sarkozy…

Le porte-flingue modèle ne recule devant rien, surtout pas un bon mot. Il n'est jamais en panne d'une exagération ou d'un missile en direction de l'adversaire. En un mot, il ose tout. Comme aurait dit le grand Audiard, c'est même à ça qu'on le reconnaît.

Pouvoir

n. m.

La queue du Mickey : tout homme politique normalement constitué espère s'en emparer un jour afin de repartir pour un tour supplémentaire. Et ce sont les citoyens qui paient le manège.

Premier ministre

gr. n. m.

Boulot très chiant.

Encycl.

Premier ministre, c'est bien en apparence seulement. C'est celui qui a mieux réussi que les autres. C'est normal, puisqu'il est le premier. Du coup, il apparaît comme le chouchou du président, qui l'a nommé à ce poste.

En réalité, le poste est tout sauf un cadeau. C'est bien simple, il faut savoir tout faire et tout connaître. Les subtilités de la politique agricole commune, les arcanes du maintien de l'ordre dans les manifs, les différences de doctrine entre les Kurdes d'Irak et ceux de Turquie, le montant du déficit de la Sécu, même la filmographie complète d'Alain Delon pour pouvoir sortir quelques réflexions opportunes le jour où il passera l'arme à gauche.

Plutôt que de le choisir au sein de la majorité, provoquant ainsi nombre de jalousies qui pourront durer le temps d'un quinquennat, mieux vaudrait le désigner à la suite d'un casting rassemblant tous les anciens vainqueurs de *Questions pour un super champion*. Le travail est d'autant plus ingrat qu'un Premier ministre se fait toujours virer comme un malpropre, et sans indemnités de licenciements, quand les choses tournent mal et que sa cote de popularité se retrouve en dessous du niveau de la mer. Ce qui arrive souvent assez vite.

Président de la République

gr. n. m.

Le roi de la République.

Encycl.
Président de la République, c'est un job de rêve. Sauf si l'on vit sous une monarchie, car on ne sait pas ce que c'est. Mais en République, et notamment en France, c'est le top. On est encore plus connu que le vainqueur de *The Voice*. On ne conduit jamais sa voiture soi-même, seulement son scooter si on veut. On mange tous les jours dans de la belle vaisselle. On est invité au Stade de France gratuitement pour voir tous les matchs des Bleus et on ne fait même pas la queue au guichet. D'ailleurs, un président de la République ne fait la queue nulle part. On a le choix entre au moins trois ou quatre résidences secondaires pour ses week-ends et ses vacances. On fait le tour du monde dans un avion équipé comme un loft new-yorkais, avec grand lit et salle de bains ultra-confortable. On connaît le Pape, Poutine, Joe Biden et on peut même inviter Kendji Girac à dîner. Fin du fin, on peut, pour s'amuser avant de s'endormir, appuyer sur le bouton de la force de frappe nucléaire. On

ne le fait généralement qu'une fois, mais enfin, c'est quand même drôlement amusant.

Évidemment, il y a quelques contreparties, qui peuvent sembler pesantes, mais le jeu en vaut la chandelle. On doit essayer d'inverser la courbe du chômage et ce n'est tout de même pas de la tarte. On doit se faire engueuler par ses potes européens de temps en temps. On doit adresser ses vœux aux Français tous les 31 décembre. Néanmoins, comme c'est enregistré dans l'après-midi, on peut quand même faire la fête le soir. On doit visiter tous les ans le salon de l'Agriculture. Tout ça pour recueillir moins de 20 % d'opinions positives dans les sondages de popularité.

Cela dit, on trouve régulièrement des candidats pour le poste. C'est donc qu'il doit être globalement intéressant. Et puis tant qu'à occuper la fonction, autant le faire en France plutôt qu'en Allemagne et en Italie, où le président a les mêmes pouvoirs que la reine d'Angleterre. Sans les chapeaux.

Primaires

n. f. pl.

Tri sélectif.

Les élections primaires permettent d'éliminer, au sein d'un même parti ou d'une même famille politique, des candidats à la candidature suprême, celle où l'on brigue un poste de chef d'État, toujours très convoité. À l'issue de ces primaires, chaque camp se retrouve avec son champion, que tous ses anciens rivaux soutiennent alors comme un seul homme et sans la moindre arrière-pensée. Si, si, on vous l'assure. Ça doit être vrai, puisqu'ils le disent tous.

Programme

n. m.

Menu-carte d'un candidat ou d'un parti, généralement long et minutieux à élaborer, car il ne faut oublier personne, ni aucun sujet. À l'arrivée, ça ne sert généralement pas à grand-chose. Ceux du camp d'en face diront toujours que l'adversaire n'a pas de programme, ce qui évite de perdre son temps à le décortiquer pour le critiquer. Quant à l'électeur, celui à qui, en définitive, le programme est destiné, il expliquera qu'il n'a pas eu le temps de le lire avant d'aller voter.

Promesse

n. f.

Carburant de l'homme politique en campagne électorale, qui sert également d'appât pour l'électeur. Un homme politique ne saurait concevoir une vie sans promesse, qui apparaît d'autant plus séduisante qu'elle semble irréalisable. Assez curieusement, il a tendance à oublier sa promesse quand il n'a pas réussi à la tenir. Alors qu'il n'oublie jamais de rappeler à ses adversaires leurs promesses non tenues.

Cit.

Candidat à la présidentielle en 2032, Paul-Arthur Lachaize, petit-fils spirituel d'Hyppolite Grondard, avait décidé d'innover en promettant de ne pas faire de promesses.

[R]

LA POLITIQUE

Réactionnaire

adj.

Vilain défaut redevenu furieusement tendance.

Autrefois, c'est-à-dire surtout après mai 68, se faire traiter de réac – autrement dit, celui qui voulait revenir à la préhistoire des idées politiques – était une insulte de la pire espèce. Aujourd'hui, Éric Zemmour, Alain Finkielkraut et quelques autres ont remis les réacs à la mode. Grâce leur en soit rendue, histoire de pimenter le zapping télévisuel quotidien, qui, sans cela, serait bien fade. Mais évidemment, il ne faut pas que ça aille plus loin.

Réalité

n. f.

Notion qui court très vite. Tellement vite qu'elle rattrape toujours les hommes politiques qui croient pouvoir s'en affranchir. Réalité des chiffres, réalité économique, réalité électorale, réalité du terrain… Le pire, c'est qu'à chaque fois, ils ont l'air tout surpris de ne pas avoir couru assez vite.

Récupération
n. f.

Numéro de cirque à haut degré de dangerosité.

La récupération, assimilable à l'opportunisme, est une des grandes spécialités du monde politique. Elle demande une surveillance pointue de l'actualité. Dès qu'un événement intervient de par le vaste monde, ou simplement au bout de la rue, il s'agit de bondir sur son compte Twitter, si l'on vit au XXIe siècle, ou de pondre un communiqué envoyé à la presse, si l'on est un peu moins moderne, pour réagir sur ledit événement en démontrant qu'on a bien raison de penser ce qu'on pense et de dire ce qu'on dit.

Souvent, cette réaction est aussi une connerie. En tout cas, elle sera toujours dénoncée comme telle par le camp d'en face, seul habilité à réagir correctement et dans le bon sens.

Référendum
n. m.

Tu veux ou tu veux pas ?

C'est le mode le plus simple de l'expression du peuple. On lui pose une question, à laquelle il est censé répondre par oui ou par non, ou bien pour ou contre. En France, le peuple réclame souvent des référendums, sur un peu tout et n'importe quoi, surtout les sujets qui font polémique. L'Europe, la sortie du nucléaire, les OGM, l'euthanasie, le mariage pour tous, la Légion d'honneur pour Kendji Girac[1]. Mais au bout du compte, les gouvernants, quels qu'ils soient, accèdent très rarement à ses demandes. Quand on voit le bordel provoqué par le référendum britannique sur le Brexit, on se dit qu'il vaut peut-être mieux ne pas en abuser.

Régime

n. m.

Système sous lequel s'exerce le pouvoir. Toujours se méfier, par principe, des régimes qui amaigrissent les libertés et engraissent la répression.

1. Ah bon ? Kendji Girac n'a pas encore la Légion d'honneur ? (Note de l'éditeur, étonné.)

Renouvellement

n. m.

Action d'apporter quelque chose de neuf, de nouveau. En politique, on pense généralement au renouvellement du personnel, très souvent atteint par une limite d'âge qui n'existe pas. Ce qui pose le vrai problème : quand on prononce le mot devant eux, ils sont devenus tellement vieux et tellement sourds qu'ils ne l'entendent plus.

République

n. f.

Régime politique qui a fait ses preuves, mais qui ne convient pas toujours à tout le monde.

Encycl.

La république est vieille comme le monde, ou presque. Déjà, la Grèce antique, du côté de Sparte ou d'Athènes, avait déposé le copyright. Sans doute un peu trop tôt, car pendant plus de vingt siècles, c'est la royauté, voire l'empire, qui ont prévalu un peu partout sur la planète. Il est vrai qu'il est plus facile de s'en remettre à un roi – ou une reine – héréditaire pour se trouver un chef. Ça évite le processus des élections, toujours long, compliqué et qui crée toujours des mécontents à l'arrivée.

Sauf que de nombreux citoyens de la planète, à commencer par ceux de la vieille Europe, ont fini par se lasser des rois et des reines. On a senti que ça devenait sérieux quand on a commencé à raccourcir Louis XVI et Marie-Antoinette, qui n'avaient le défaut que d'être un peu trop mollassons face à la crise des subprimes de l'époque. Alors, la république s'est imposée un peu partout dans le monde, parfois gentiment, parfois un peu moins.

D'autres pays ont préféré garder des rois ou des reines, pour la tradition, comme les îles Tonga, où le roi Tupou VI chante sans fausse note l'hymne national *Ko e Fasi 'o e Tu'i 'o e 'otu Tonga* (« c'est vachement très super, le Tonga », traduction libre et approximative), pour les chapeaux de la reine, comme le Royaume-Uni (de moins en moins), pour que Zlatan Ibrahimovic devienne roi un jour, comme la Suède.

On notera que certains pays, comme la Corée du Nord, le Nicaragua ou l'Érythrée, sont là pour nous rappeler qu'une république n'a pas toujours grand-chose à voir avec une démocratie.

Réseaux sociaux

n. m. pl.

Café du Commerce 2.0.

Autrefois, on se retrouvait au comptoir du bar du coin de la rue pour exprimer son opinion sur tout et n'importe quoi, alimentée par un ballon de rosé ou un double Ricard. Aujourd'hui, on fait exactement la même chose sur Twitter ou Facebook. C'est peut-être moins dangereux pour le foie, mais ça l'est beaucoup plus pour le cerveau. Certains y voient un progrès. Mais ce serait plutôt, en fait, un retour en arrière, car on peut y déverser sa bile la plupart du temps de façon anonyme, comme en 1942.

Retraite

n. f.

Cessation d'activité professionnelle dont les élus, députés et sénateurs, changent régulièrement la durée en votant de nouvelles lois.

Il est intéressant de noter que la loi sur l'âge légal du départ en retraite est la seule loi, en France, qui s'applique à tout le monde, sauf aux politiques. Ceux-ci décident en effet eux-mêmes du moment où ils se retireront, souvent à l'âge où l'entre en EHPAD. À moins, bien sûr, que les électeurs ne se chargent de leur signifier brutalement la fin de leur carrière. Et encore, ils ne comprennent pas toujours le message du premier coup.

Cit.

Hyppolite Grondard repoussait d'année en année l'âge de sa propre retraite, estimant que tous ceux qui pourraient lui succéder manqueraient singulièrement d'expérience.

Roland-Garros

n. p.

Aviateur français, le premier à avoir traversé la Méditerranée en 1913. A donné son nom à un célèbre stade de tennis, qui, deux semaines par an, remplit ses gradins en vidant ceux de l'Assemblée nationale et du Sénat. À ce propos, le service de la logistique parlementaire de l'Assemblée ou du Sénat reste le meilleur sésame pour obtenir des places pour la finale sur le court central.

LA POLITIQUE

Sciences Po

n. p.

Maternelle de l'ENA.

École prestigieuse, parisienne, mais aussi provinciale, qui prépare aux plus nobles tâches de la République, surtout pour les élèves qui tenteront ensuite d'entrer à l'ENA. Si l'on n'y arrive pas, car ce n'est pas forcément donné à tous, on peut éventuellement devenir journaliste. Et en tout cas, on aura appris pendant sa scolarité à Sciences Po à faire comme si on lisait *Le Monde* en entier tous les jours, alors que chacun sait bien qu'on n'en a jamais le temps.

—

Secrétaire

n. f. ou m.

1. Assistante dévouée d'un homme politique, qui lui rappelle en permanence ses rendez-vous, passe ses communications téléphoniques à sa place, sait faire barrage de son corps et de son esprit pour écarter les importuns et ne doit surtout pas se tromper de petit mot quand elle envoie des fleurs à l'épouse légitime et à la maîtresse de l'homme politique en question le jour de leur anniversaire respectif.

2. Personnage important d'un parti, parfois même le plus important quand on lui accole l'épithète de « général ». Il s'occupe de beaucoup de choses à l'intérieur dudit parti, de la motivation des militants à la préparation des élections, en passant par le choix du logo. Mais il a lui aussi besoin d'une assistante dévouée pour ne pas se tromper de bouquet de fleurs entre son épouse et sa maîtresse.

Secrétaire d'État

gr. n. m.

Échantillon de ministre, qui espère bien grandir un jour. Certains secrétaires d'État y parviennent, d'autres ne franchiront jamais le cap. Un peu comme ces grands espoirs du foot, qui ne seront jamais retenus par des clubs pro à leur sortie du centre de formation.

Section

n. f.

Représentation d'un parti à l'échelle locale, un quartier, une ville ou un canton, selon leur taille. Autrement dit, on y retrouve souvent à l'intérieur les mêmes petites manies qu'au niveau national : culte de la personnalité, abus de pouvoir, querelles internes, peaux de banane, mise à l'écart des gêneurs...

Sénat

n. m.

Assemblée nationale avec de la moquette encore plus épaisse et des fauteuils encore plus confortables.

Encycl.
Le Sénat représente la chambre dite haute du pouvoir législatif. En France, il fait à peu près la même chose que l'Assemblée nationale, c'est-à-dire voter les lois, mais son rôle est un peu moins décisif, puisque en définitive, c'est à l'Assemblée que revient le dernier mot.

Pour compenser cette influence moindre, les 348 sénateurs bénéficient de certains avantages sur les députés. Ils sont élus six ans, soit un an de plus. Ils sont surtout inamovibles, c'est-à-dire qu'on ne peut pas dissoudre le Sénat, selon la Constitution française. Ce qui les met à l'abri d'un coup de sang présidentiel.

Pour le reste, ils ont les mêmes avantages. Leur restaurant est aussi d'un excellent niveau et pour la sieste, ils ont le choix entre leurs moelleux fauteuils de séance et, pourquoi pas, les tendres pelouses du jardin du Luxembourg, où règne un calme propice à leur intense réflexion.

En revanche, il faut tordre le cou à une idée reçue selon laquelle tous les sénateurs atteindraient allègrement l'âge de l'arthrite. Cela est faux. Il existe aussi des sénateurs trentenaires. Pas beaucoup, c'est vrai, et ils ont déjà l'air vieux.

Sénateur, sénatrice

n. m. ou f.

Élu de la IIIe République égaré au XXIe siècle en ayant pris la mauvaise direction dans les couloirs du temps.

Séparation des pouvoirs

gr. n. f.

Principe essentiel d'une démocratie qui garantit l'indépendance des trois grands pouvoirs entre eux, l'exécutif, le législatif et le judiciaire. Si, par exemple, un ministre ou un élu dicte en sous-main la conduite à tenir à un magistrat sur un dossier particulier, cela ne peut être que le fruit d'un malencontreux hasard, puisqu'on vous dit et on vous répète que la séparation des pouvoirs est garantie par la Constitution. C'est-à-dire à vie. Soit bien plus que votre lave-linge, qui n'est généralement garanti que deux ans.

Sexe

n. m.

Terre d'érection.

Parce qu'il est intimement lié au pouvoir, le sexe fait partie intégrante de la vie d'un homme politique. Chez certains plus que d'autres, il faut bien le reconnaître. Entre les fétichistes du pied, les partouzeurs notoires, les harceleurs de collaboratrices et les beaufs salaces envers les journalistes, on a l'embarras du choix. Dans ce domaine, on les sent plus performants que dans la création d'emplois ou la résolution de conflits sociaux.

Société civile

gr. n. m.

Troupe de théâtre amateur, invitée parfois à monter sur les planches.

« S'ouvrir à la société civile » est l'une des revendications régulières des citoyens et des promesses récurrentes des hommes politiques. Autrement dit, attri-

buer des postes de pouvoir à des personnes qui n'ont pas forcément fait Sciences Po ou l'ENA ou bien qui ne sont même pas élus.

C'est ce qui se passe quand on nomme ministre un grand médecin, un grand patron, un sportif de renom ou un journaliste connu. Le monde politique voit généralement cela d'un très mauvais œil. Exactement comme les chauffeurs de taxi qui se font piquer leur boulot par les conducteurs Uber.

Soirée électorale

gr. n. f.

Soirée télévisuelle intervenant à l'issue d'une élection, où l'on a fréquemment envie de changer de chaîne pour passer sur le film de NRJ12, même si on l'a vu plusieurs fois. On reste néanmoins devant par habitude, tout en zappant entre plusieurs soirées, pour constater que les ténors des partis et leurs porte-flingue passent aisément d'une chaîne à l'autre, comme on fait la tournée des bars aux fêtes de Bayonne. En moins rigolo quand même, car ils redisent exactement la même chose.

Le principe d'une soirée électorale est extrêmement simple : le premier qui avoue qu'il a perdu… a effectivement perdu. Mais cela n'arrive jamais, fort heureusement. Ou alors du bout des lèvres. Même une déculottée monumentale sera présentée comme un signe encourageant et une promesse d'avenir flamboyant.

Sondage

n. m.

Oracle des temps modernes, qui tente de lire et d'interpréter le futur politique dans les chiffres comme les Romains lisaient l'avenir dans les gésiers de poulet.

Le principe de base, quand on est un homme politique, est de dire qu'il ne faut accorder aucune importance aux sondages. Surtout quand ils sont défavorables. Et même, d'ailleurs, quand ils sont trop favorables. Dans les deux cas, ils sont éminemment suspects. Partant de là, c'est à se demander pourquoi les sondages existent, puisque personne n'y croit et que tout le monde s'en fout.

Cit.

Hyppolite Grondard ne croyait pas aux sondages. Surtout ceux qui le donnaient vainqueur d'une élection. Et il avait bien raison.

[T]

LA POLITIQUE

Télévision

n. f.

Outil essentiel à une carrière politique, au même titre que la cocarde sur la voiture ou un foie résistant aux vins d'honneur.

Partant du principe qu'une caméra de télévision attire un homme politique encore plus sûrement qu'un projecteur un moustique dans la nuit, il vaut mieux savoir bien maîtriser l'outil pour en tirer le maximum de profit.

Cela dit, les émissions télévisées traitant de politique se faisant de plus en plus rares, il est devenu courant de voir de grands garçons en costume cravate pourtant sortis de l'ENA s'essayer, devant un public rigolard et un animateur légèrement pervers, à faire sauter des crêpes dans une poêle, à jouer au ping-pong les yeux bandés ou à raconter leur dépucelage en voyage linguistique à l'étranger. Pas certain que l'image de la politique en sorte grandie, ni que cela se traduise par une plus-value électorale. Même l'audience n'est plus vraiment au rendez-vous.

Think tank

gr. n. m.

Littéralement, réservoir de pensée (ou d'idées).

Encycl.
Au départ l'expression désigne, à Montluçon comme à Ploudalmézeau, un groupe de réflexion, un laboratoire d'idées, qui produit régulièrement des études ou des propositions dans le domaine des politiques publiques ou de l'économie. C'est évidemment plus chic de l'exprimer en anglais.

Et le chic du chic, pour un homme politique, est de pouvoir constituer son propre « think tank » d'experts. On y trouve des spécialistes pointus en tout genre : économie de la sardine, relations internationales avec le Liechtenstein, système de retraite des cueilleurs de mirabelles en Lorraine, fonction reproductive des ours blancs, histoire de l'opéra ouzbek du Moyen Âge à la Seconde Guerre mondiale, pelote basque, sketchs de Bigard… Ils réfléchissent pour lui, afin de nourrir son argumentation dans les débats comme dans l'élaboration de son programme.

C'est ainsi qu'un futur candidat à la présidentielle, qui n'aurait pas tout assimilé des conclusions de son « think tank », pourrait proposer l'enseignement obligatoire à l'école de l'opéra ouzbek, avec stages obligatoires de cueillette de mirabelles et voyage de fin d'année au Liechtenstein pour un grand tournoi de pelote basque. Comme quoi il faut parfois se méfier des « think tanks », qui ont tendance à être un peu trop déconnectés de la réalité.

Cit.

Après des mois de travail avec Hyppolite Grondard, son « think tank » en était arrivé à la conclusion qu'il ferait mieux d'abandonner la politique.

Tract

n. m.

Condensé de proposition, revendication ou programme, qui se distribue dans la rue de la main à la main, qu'on ne lit pas souvent, mais qui donne toujours beaucoup de travail aux employés municipaux chargés de la propreté des rues et des trottoirs.

Traversée du désert

gr. n. m.

Période difficile de la vie d'un homme politique, pendant laquelle il éprouve, tel René Caillié traversant le Sahara à la recherche de la mythique Tombouctou, les affres de la solitude, pouvant compter ses véritables amis sur les doigts d'une demi-main.

Cette période peut intervenir après une branlée électorale historique, une condamnation judiciaire le renvoyant au rang de pestiféré ultime, une mise à l'écart autoritaire au sein de son propre parti ou une poussée hormonale mal maîtrisée dans la suite d'un hôtel new-yorkais.

La traversée du désert donne généralement soif. En politique, elle est plutôt censée redonner faim. De pouvoir, bien évidemment.

Trente Glorieuses

exp.

En France, période miraculeuse de l'histoire allant de la fin de la Seconde Guerre mondiale jusqu'au milieu des années 1970, qui s'est caractérisée par une croissance économique continue, la stabilisation du pouvoir politique grâce à la Ve République, une situation de plein emploi, l'invention de la minijupe, de la contraception et de la R16, et même plusieurs succès au Grand Prix Eurovision de la chanson. Tout cela paraît tellement incroyable aujourd'hui qu'on se demande si la chose a réellement existé. Surtout pour le Grand Prix Eurovision de la chanson[1].

1. La France arriverait peut-être à gagner le Grand prix Eurovision de la chanson si elle y envoyait Kendji Girac. (Note de l'éditeur, qui vient de comprendre le principe du comique de répétition décalé.)

Triangulaire

adj.

Le mari, la femme et l'amant. Et l'électeur cocu.

Une élection triangulaire est une élection où l'on retrouve trois candidats au deuxième tour, contre deux généralement. Le troisième se maintient uniquement pour emmerder les deux autres. Qui a dit que la politique était un métier altruiste ?

[U-V -Z]

LA POLITIQUE

Université d'été

gr. n. f.

Congrès politique en bermuda et chapeau de paille.

L'université d'été permet de prolonger un peu les vacances avant la rentrée. Chaque parti organise la sienne dans des lieux festifs et ensoleillés (La Rochelle, La Grande-Motte, Saint-Jean-de-Luz, Le Lavandou, plus rarement Forbach ou Sarreguemines). Les leaders y viennent sans cravate rencontrer les militants et sympathisants. On y discute aimablement avant l'apéro, la sardinade géante, le tournoi de pétanque et la soirée disco. Il ne manque que le concours de t-shirts mouillés pour se croire dans *Camping 3*. La preuve, on y a souvent croisé Chirac. Jacques, pas Patrick.

Urne

n. f.

Chapeau de prestidigitateur de la République, d'où les élus sortent comme des lapins, parfois par surprise.

Utopie

n. f.

Rêve toujours, tu m'intéresses.

L'utopie, en politique, c'est quelque chose qu'on ne verra jamais, un monde meilleur inaccessible, une expérience politique irréaliste ou irréalisable. Mai 68 était une utopie, comme le communisme de nos grands-parents. Le loup qui copinerait avec l'agneau aussi. L'utopie se fait toujours rattraper par la réalité. Et l'agneau se fait bouffer par le loup. La Fontaine était tout sauf un utopiste.

Cit.

Hyppolite Grondard avait touché du doigt le sens du mot utopie le jour où il avait compris qu'il ne deviendrait jamais président de la République.

Vacance du pouvoir

gr. n. m.

La politique a horreur du vide.

On déclare le pouvoir vacant dans plusieurs cas, notamment lorsque le chef d'un État meurt brutalement, lorsqu'une crise majeure prive le pays d'une majorité stable pour gouverner et même trouver un chef de gouvernement. Généralement, ça ne dure pas longtemps. Le job intéresse toujours quelqu'un. Cela dit, les Belges, restés 541 jours sans gouvernement entre 2010 et 2011, ont prouvé qu'on pouvait très bien s'en passer. La preuve, ça n'a jamais empêché le Manneken-Pis de pisser tranquillement dans sa petite niche bruxelloise.

Vacances

n. f. pl.

Activité méconnue en politique, à la limite du vulgaire.

Encycl.

Un homme politique ne prend pas de vacances, qui sont réservées aux salariés du privé et de la fonction publique. L'été, il se recentre sur ses valeurs familiales, il emporte avec lui quelques dossiers qu'il approfondira entre deux périodes de brève perte de conscience (sieste), il en profitera pour lire les ouvrages de fond qu'il n'a pas eu le temps d'ouvrir durant son année de dur labeur (une biographie de Jean Moulin, un essai sur l'Europe confrontée au défi migratoire, la correspondance diplomatique de Paul Morand seront toujours mieux cotés que l'intégrale de Barbara Cartland), il recevra des amis dans sa maison de Sologne ou du Luberon, il répondra aux questions pertinentes de l'hebdomadaire local. Mais il ne décrochera réellement jamais, toujours soucieux de l'avenir de la France et surtout de sa circonscription électorale, dans laquelle il écumera les marchés nocturnes de producteurs.

Les vacances sont tellement interdites aux hommes politiques que lorsqu'ils sont ministres, on leur demande de ne jamais s'éloigner à plus de trois heures d'avion de l'Élysée. On ne sait jamais ce qui peut arriver.

Veste

n. f.

Vêtement à usages multiples en politique. Peut se prendre un soir d'élection qui finit mal, peut aussi se retourner en fonction du sens des vents.

Cit.

Hyppolite Grondard, qui avait pris de nombreuses vestes électorales au cours de sa carrière, avait envisagé, un temps, de se reconvertir dans la confection pour hommes.

Visite officielle

gr. n. f.

Amis pour la vie.

Encycl.
Moment inoubliable dans la vie d'un chef d'État, qui scelle pour toujours l'indéfectible amitié entre le peuple français et le peuple swazilandais. Ou suisse ou roumain ou guatémaltèque, selon le cas.

Le chef de l'État visiteur, la France par exemple, est accueilli avec faste à l'aéroport par la fanfare de l'école de gendarmerie qui joue une insolite *Marseillaise* à trois temps. C'est ensuite la traversée de la capitale en voiture décapotable, sous les vivats d'une foule en liesse, venue spontanément, puisqu'on a fermé les entreprises et les écoles en ce jour béni, pour agiter des centaines de petits drapeaux français.

Puis vient le moment solennel de la réception au siège du pouvoir, avec dîner de gala, danses folkloriques et échange de toasts. Le lendemain, on sera plus pragmatique avec la vente de quelques avions de chasse de chez Dassault, histoire d'aller écraser la gueule de l'arrogant voisin quelques mois plus tard, mais également la signature d'un accord de coopération permettant à la France d'exploiter pendant cinquante ans et en exclusivité les mines d'uranium locales, en échange de la fourniture de quelques instituteurs coopérants pour apprendre le français à la jeunesse du pays.

Quelques temps après, pour magnifier l'indéfectible amitié entre le peuple français et le peuple swazilandais (ou suisse ou roumain ou guatémaltèque), le chef de l'État viendra à son tour en visite officielle en France. Mais dans ce sens-là, tout le monde s'en fout un peu. Sauf les automobilistes parisiens, bloqués pendant quatre heures sur les Champs-Élysées pour que l'hôte de la France puisse aller voir *Coppélia* à l'opéra Garnier.

Vœux

n. m. pl.

Bonne année, bonne santé.

Exercice de style obligatoire consistant, pour un homme politique, à souhaiter à ses concitoyens la meilleure année à venir possible. Pour le président de la République en exercice, il s'agit d'expliquer que la situation est difficile, mais qu'il maîtrise tout et que ce serait nettement pire s'il n'était pas là.

Pour son opposition, le message est quelque peu différent. Il s'agit d'affirmer que la situation s'améliorera quand elle reviendra au pouvoir. Pour le maire d'une commune rurale, la cérémonie des vœux est avant tout l'occasion d'écluser avec la population la réserve de mousseux et de chips de la mairie.

Vote

n. m.

Droit du citoyen chèrement acquis au fil des siècles et encore plus durement par les femmes. Tout le monde n'en a cependant pas conscience, notamment dans nos confortables démocraties. Il en est qui préfèrent rester chez eux les jours de vote. Alors que dans certains endroits de la planète, on n'hésite pas à parcourir des kilomètres à pied et à patienter pendant des heures pour glisser un bulletin dans l'urne, au risque de ne pas en revenir vivant. Encore un exemple d'un monde mal fait.

Vote utile

gr. n. m.

Dehors, les guignols !

C'est toujours ce que réclament les grands partis dès le premier tour des élections, un vote utile. Autrement dit, un vote pour un candidat sérieux, issu d'un parti lui-même sérieux. Si l'on vote pour d'autres candidats ultra-minoritaires ou dissidents, cela disperse les voix et peut créer à l'arrivée de très mauvaises surprises. Demandez plutôt à Lionel Jospin ce qu'il en pense. Le 21 avril 2002, de très nombreux électeurs socialistes n'ont pas jugé utile de voter pour lui. On connaît le drame qui s'en est suivi : deux mois plus tard, la France était éliminée au premier tour de la coupe du monde de foot.

Zorro

n. p.

Prototype de l'homme politique rêvé, super héros providentiel qui protège les humbles des injustices, mais laisse suffisamment d'argent aux riches pour qu'ils paient des impôts. Mieux que ça, lui au moins tient toutes ses promesses. C'est bien la preuve que, comme le vrai Zorro, on n'est pas près de découvrir son identité.

L'illustration de couverture est de Lasserpe.
Ce livre a été imprimé par Soler (Espagne).
N° ISBN : 978-2-8177-0896-6 — N° éditeur : 01.02.03.22